"Estoy fascinada con el trabajo de Sergio Magaña. He tenido el placer de trabajar con él y aprender el uso del espejo de obsidiana, proceso que transforma nuestra existencia. Sergio es un verdadero sanador y hombre de medicina".
—Dra. Christiane Northrup, autora del bestseller *Las diosas nunca envejecen*

"Las profundas enseñanzas contenidas en este libro, que incluyen asombrosos 'mapas' de los lugares en los que podemos transformar nuestros miedos y activar nuestros sueños, no tienen precio durante esta etapa de transición en la que nos encontramos, donde tenemos la necesidad de despertar, enfrentar nuestras sombras, sanarnos, tomar las riendas de nuestros poderes y evolucionar".
—Christa Mackinnon, autora de *Shamanism: Awaken and Develop the Shamanic Force Within*

"Una vez más, Sergio ha encontrado la forma de traducir la sabiduría ancestral mexicana de manera accesible para una audiencia moderna [...]. Pero, aún más importante que eso, las prácticas que enseña realmente funcionan, así que no solo lea este libro, también practique lo que le enseña y manifieste su innata capacidad para sanar".
—Charlie Morley, autor de *Dreams of Awakening*

"Un manual claro y conciso sobre cómo funciona realmente nuestra existencia y la realidad que hoy vivimos, sobre cómo está construido el mundo que habitamos y cómo podemos acceder a estados de conciencia alternativos que nos ayudarán a vivir en ambos mundos simultáneamente. Este libro puede transformar tu vida de forma creativa y consistente, y puede enseñarte a ayudar a otros. Me ha dado una serie de mapas para desarrollar mi yo interno y mis habilidades: cuevas de poder a las que yo mismo puedo acceder en mi interior".

—Leo Rutherford, fundador del Eagle's
Wing College of Contemporary Shamanism

Sergio Magaña Ocelocoyotl
CUEVAS DE PODER

Sergio Magaña (Ocelocoyotl) es un conocido sanador espiritual mexicano, iniciado en el linaje tolteca del nahualismo, tradición que tiene unos 5.000 años, y en el linaje tol del conocimiento de los sueños. Dirige un prestigioso proyecto del Club UNESCO para la protección del patrimonio intangible de las antiguas civilizaciones. También es el autor de *El secreto tolteca*.

www.sergiomagaña.com

CUEVAS *de* PODER

CUEVAS *de* PODER

Técnicas ancestrales de energía
para la sanación, el rejuvenecimiento
y la manifestación

Sergio Magaña Ocelocoyotl

VINTAGE ESPAÑOL
Una división de Penguin Random House LLC
Nueva York

En la cueva que temes se encuentra el tesoro que buscas.

JOSEPH CAMPBELL

Índice

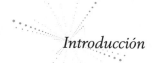

Introducción

LAS LÍNEAS DE MI ROSTRO

He comenzado a escribir este libro, contrario a lo que pudiera pensarse, no en una computadora o un papel, sino frente a un espejo. Según la tradición oral tolteca y mexihca —un largo camino que comienza con los chichimecas, olmecas, teotihuacanos y xochicalcas para terminar con los toltecas y aztecas—, las líneas del rostro son testigo de todo lo que se ha vivido, hecho, aprendido y, sobre todo, caminado durante la vida en la Madre Tierra.

Así que hoy he examinado mis líneas y, frente al espejo, he recorrido con la mirada los surcos de mi rostro, mis arrugas, y las he honrado, pues representan mi camino en la Tierra, la suma de mis experiencias, y la mucha o poca sabiduría que he adquirido. Gracias a ellas, puedo escribir *Cuevas de poder.*

Después de recorrer mis arrugas, con una sonrisa en el rostro narro mi historia como practicante de la tradición tolteca y mexihca y como sanador energético. En este libro también comparto algunas técnicas o ejercicios que espero beneficien a muchas personas y las ayuden a sanar sus vidas.

La tradición mexihca tiene un calendario lunar muy especial, casi desconocido, que se basa en la fase lunar que rige en el momento en que uno nace y aquella por la que atraviesa la madre de uno en el momento de la gestación. Según ese antiguo calendario lunar, la mayor parte de las personas son gestadas cuando sus madres atraviesan los días regidos por la luna llena, por lo que se convierten en personas apegadas al mundo material, lo que la sociedad considera normal hoy en día. Son también personas apegadas al mundo familiar y religioso.

Hace nueve años, cuando mi maestro Hugo García o Hugo Nahui estaba haciendo el cálculo lunar de la vida de mi madre, lo primero que dijo fue: "Así que Sergio es el hijo diferente". De mis hermanos, yo soy el único que fue gestado durante el periodo de luna menguante de mi madre, lo que significa que tengo características artísticas y espirituales y tendencia a las adicciones y a las situaciones peligrosas, diferentes o ilegales.

Mi nombre es Sergio Magaña Gil y nací en el seno de una familia tradicional católica en la Ciudad de México. Mi vida es prueba de la veracidad de ese conocimiento, casi perdido, de los antiguos mexicanos, ya que poseo todas las características de un niño gestado durante la luna menguante. Se han manifestado de distintas maneras, mucho antes de que yo conociera sobre la antigua astrología lunar mexicana.

La primera cualidad de los niños de luna menguante es la tendencia a la búsqueda espiritual. La mía comenzó de una manera que pudiera parecer accidental, pero quienes llevamos años inmersos en este tipo de prácticas sabemos que no existen coincidencias, sino un camino perfectamente sincronizado para que encontremos en él a las personas que nos ayudarán a cumplir nuestro destino de florecimiento, que es la manera en que los antiguos toltecas y mexihcas se referían a lo que hoy llamamos iluminación.

El primer encuentro que me llevó a cumplir ese destino lunar ocurrió cuando mi madre decidió estudiar y trabajar. Debido a ello, mis hermanos y yo fuimos en parte criados por quienes trabajaban en casa de mis padres. Mi nana Rosita se encargó de mi crianza, y mis hermanos tuvieron otra nana, curiosamente también llamada Rosa.

Antes de que yo naciera, Rosa Hernández Monroy, la hija del curandero de la comunidad otomí de San Pablo Autopan, muy cerca de Toluca, en el Estado de México, tuvo que huir de su pueblo a causa de las brutales golpizas que le daba su marido, así que no pudo cumplir la misión de ser la sucesora de su padre como curandera del pueblo. Escapó a la Ciudad de México completamente descalza y sin hablar una sola palabra de español. Cuando llegó a trabajar a casa de mis padres, donde me vio nacer, encontró en mí al hijo que nunca había tenido.

Fui criado por dos madres y tuve una infancia muy particular. Ambas me dieron mucho amor, aunque lo expresaban de manera diferente: una con rigidez y apego a las reglas religiosas y científicas; la otra con ternura, siendo ejemplo vivo del sincretismo indígena-español al combinar el curanderismo, la sanación y la magia de los antiguos mexicanos con la religión católica.

Desde pequeño estuve expuesto a situaciones muy particulares. Por ejemplo, cuando algo me dolía, en lugar de darme medicinas tradicionales, Rosita hacía círculos en el área adolorida con un cigarro marca Delicados, que estaban hechos con tabaco puro (que ella, por supuesto, tenía ocultos, porque en mi casa estaba prohibido fumar, sobre todo delante de los niños). Luego fumaba del tabaco y, al exhalar el humo, el dolor desaparecía a medida que el humo se disolvía en el aire. Yo me quedaba perplejo y ella me pedía que no dijera nada, pues si mis padres se hubieran enterado de esas prácticas probablemente la habrían despedido.

Ella fue la primera persona que me habló sobre la importancia de los sueños. Cuando tenía pesadillas, me decía: "Te voy a limpiar con un huevo". Cuando le pregunté por qué, me dijo algo que no he podido olvidar: "Un huevo es un sueño que nunca se hará realidad. El sueño de este huevo era convertirse en pollo, y eso nunca se realizará, así que utilizaré este huevo para que tus malos sueños nunca se vuelvan realidad". Luego pasaba el huevo, haciendo círculos en sentido contrario a las manecillas del reloj, por varias partes de mi cuerpo. Después lo rompía en un vaso con agua e interpretaba las figuras que hacían la yema y la clara, que eran mensajes sumamente acertados sobre la vida.

Así fue que aprendí el arte de sanar con tabaco y huevo, y hoy me doy cuenta de que, aunque ya no los utilice, esos métodos me ayudaron a crear habilidades para sanar e interactuar con el mundo energético que más adelante, cuando me hice adulto, pude desarrollar más plenamente. También fue así que me inicié en el arte de soñar, aunque no lo sabía.

Dos lecciones de Rosita tuvieron una importancia decisiva en mi nuevo destino y mi carrera como sanador energético, marcando mi vida por completo. La primera gran enseñanza fue que la medicina tradicional no es la única manera de solucionar los problemas emocionales o de salud, sino que existen muchas otras formas. La segunda gran lección fue que los sueños son sumamente importantes, se pueden manifestar en la realidad y puedes influir sobre ellos si lo que sueñas no resulta de tu agrado.

Otra cosa importantísima que aprendí de Rosita fue a cambiar mi percepción del mundo. Como era un niño bastante tímido e inseguro, la gente, incluyendo a mi hermano, tendía a aprovecharse de mí. Rosita me aconsejó que, cuando sintiera impotencia ante los ataques externos, moviera los ojos hacia los lados. Ahora comprendo que se refería a la visión periférica. Cuando mueves los ojos hacia los lados en un ángulo muy pronunciado, puedes hacer desaparecer lo que la gente llama "realidad".

Lo hice muchas veces siendo niño, cuando me regañaban mis padres o cuando me molestaban mis compañeros de escuela, y así lograba entrar en otro plano que me impedía reaccionar o sentirme lastimado. Literalmente, me escapaba de la realidad. Por desgracia, durante la adolescencia dejé de practicar esta técnica y, cuando me molestaban, reaccionaba de manera negativa. Lleno de miedos y de rabia, creé una personalidad adictiva e insegura con la que tuve que lidiar durante muchísimo tiempo, cosa que me costó mucho trabajo cambiar antes de aprender a sanarme a mí mismo.

Debo destacar algo importante: aprendí a sanar a los demás con una eficacia sorprendente mucho antes que a mí mismo, por lo que creo firmemente que, si se aplican las técnicas precisas, cualquiera puede llegar a ser un gran sanador, aun cuando su vida se encuentre de cabeza. Hago hincapié en ello porque he oído a mucha gente decir: "Primero tengo que sanarme yo para poder sanar a los demás", lo que no es más que una excusa para no sanarse ni a ellos mismos ni a los otros. En otras palabras, un autosabotaje. En mi caso, creo que sanar a tantas personas antes que a mí mismo creó buenos vientos (como se dice en la tradición energética), y esa buena energía permitió posteriormente mi propia sanación y la de miles de otras personas. Si hubiera esperado a sanar yo primero, nada de eso habría sucedido.

Otra de las grandes ventajas de crecer junto a Rosita fue que aprendí a ver los campos energéticos de las personas desde que era pequeño, ya que al utilizar la visión periférica para hacer desaparecer lo que consideramos realidad tienes que pasar por un ángulo menor que te permite verlos. Dejé de practicar esa habilidad durante muchos años, y solo la reincorporé para convertirme en sanador energético cuando la vida me obligó, pero de eso hablaré más adelante.

La segunda característica de los niños gestados en la luna menguante es una tendencia a las artes y una gran habilidad para desarrollarlas. Desde pequeño desarrollé un gusto por el cine y el teatro y soñaba con convertirme en actor. Por entonces, hace veinte años, era impensable para un niño educado en una familia tradicional mexicana la idea de ser actor. Existían muchos prejuicios absurdos sobre lo pesado y peligroso que es el ambiente artístico y muchos sospechaban que no se podría ganar dinero suficiente para vivir. Debido a ello, mis padres se opusieron a mis aspiraciones artísticas y me obligaron a estudiar una carrera tradicional. Hoy en día creo que eso, que en su momento fue mi más grande frustración y me hizo sentir durante años que había arruinado mi vida, llevándome a guardar fuertes rencores contra mi familia, fue la pieza clave que me llevó a lo que ahora creo que es mi destino grandioso, pues detonó en mí la tercera característica de los niños gestados durante la luna menguante: el gusto por las cosas diferentes y peligrosas.

Desde muy joven comencé a rebelarme. No quería aceptar ninguna regla, cosa que agradezco, aunque me complicó bastante la vida, pues así como no aceptaba imposiciones en mi vida personal, tampoco aceptaba ningún diagnóstico médico ni concepción social sobre mis pacientes, lo que me llevó a lograr curaciones que la sociedad y la ciencia consideran imposibles y, más adelante, incluso a desarrollar métodos de rejuvenecimiento.

Comencé a vivir una vida de completa rebeldía y, para escapar, en lugar de mover los ojos como me había enseñado mi nana, recurrí al alcohol, las drogas, las fiestas y la diversión. Aún viviendo en el seno de una familia tradicional y con una madre obsesionada con la disciplina, mi libertinaje creó tensiones extremas que obligaron a mi padre a castigarme y echarme de la casa. Por suerte, mis amigos siempre me ayudaron en esos momentos y me dieron asilo, por lo que nunca experimenté nada que dañara permanentemente mi vida o mi moral. Creo incluso recordar que mi madre, a pesar de haber sido muy agresiva verbalmente conmigo, en más de una ocasión pronunció una frase que resultó clave: "Tu espiritualidad te va a salvar".

También debo reconocer que, a su manera, mi madre intentó varias veces que hiciera algún tipo de terapia, incluso psicológica. Pero, como en este camino no hay casualidades, la terapeuta con quien me mandó, Laura Muñoz, se convirtió en mi primera maestra oficial de las técnicas de energía, cosa por la que le estoy infinitamente agradecido. Laura me diagnosticó a partir de lo que observó en mi aura, por lo que me di cuenta de que ella también utilizaba la visión periférica. Aún quería ser actor, pero Laura me dijo algo que también marcó mi vida: "Vas a ser un sanador como yo, y uno muy bueno".

Además de sesiones individuales de sanación, Laura daba cursos sobre muchos temas, incluyendo curación con energía, con fuego y velas, y con un péndulo. Con ella, mi interés por las cosas espirituales revivió y comencé a ganar confianza cuando vi que podía aliviar a las personas del dolor físico, manifestar cosas y hasta realizar una curación a distancia.

Aprendí a sanar a otros mucho antes de poder sanarme a mí mismo. Como continuaba disfrutando de las fiestas y el peligro, un día mis padres me echaron de casa, por lo que me vi obligado a convertirme en sanador para vivir y sostenerme económicamente. Primero trabajé en un bar, encontrando en mi pasión por la fiesta una fuente para sostenerme económicamente, aunque sin lujos. Fueron tiempos difíciles, llenos de diversión, pero muy destructivos.

Como he dicho, con Rosita había aprendido a cambiar mi percepción y ver los campos de energía de otras personas. Cuando uno se somete a una operación, se cortan los canales de energía o meridianos del cuerpo. Poca gente lo sabe, pero quienes pueden ver el campo energético más cercano al cuerpo pueden identificar dónde se ha realizado una cirugía porque perciben una acumulación anormal de energía amarillenta alrededor de la zona afectada. Con el tiempo, eso produce problemas.

Un día, un amigo me invitó a una plática sobre productos nutricionales multinivel. Había cuatro personas más, además de nosotros. La plática, que inicialmente trató sobre fitonutrientes, de repente derivó en la medicina alternativa.

—¿Oye, tienes una cirugía en el área del ombligo? —le pregunté en cierto momento a una de las asistentes.

—Sí, una cesárea, ¿cómo lo sabes? —me contestó. Le respondí que veía una acumulación de energía en el área del abdomen.

—A ver, y yo, ¿dónde? —me dijo entonces su amiga, parándose frente a mí con incredulidad.

—En las piernas —le dije cuando observé su energía. Dijo que era increíble, que había tenido múltiples cirugías por problemas circulatorios.

—¿Y yo? —me preguntó entonces la tercera amiga, que vestía un suéter con cuello de tortuga.

—En el cuello —le dije. Era cierto, recientemente le habían hecho una cirugía con biopsia de la tiroides.

Así comenzó mi carrera de sanador. Me preguntaron cómo podían sanarse y, como necesitaba dinero, les dije: "Yo puedo ayudarlas". No mentía. Con Laura Muñoz había aprendido a reconstruir meridianos. Las tres hicieron cita para terapia conmigo y sanaron su energía. No sabía enton-

ces que una de ellas era subdirectora de un centro de ayuda
para problemas de conducta, en la Ciudad de México, y
pronto comenzaría a mandarme a sus pacientes para que
les reconstruyera la energía. Al cabo de un mes, tenía todos
los días de la semana llenos de citas de terapia.

Entonces recordé lo que mi madre me había dicho:
"Como a San Agustín, tu espiritualidad te salvará". Renun-
cié al bar, pero no a la fiesta... todavía. Eso lo logré mucho
después. A medida que la gente quería más sesiones, me di
cuenta de que mi conocimiento era bastante limitado, por
lo que utilicé las enseñanzas de Rosita. Como era bueno
para recordar y entrar en lucidez, en mis sueños lúcidos
pedía información sobre técnicas y símbolos que me ayu-
daran a resolver problemas de salud, de abundancia y de
relaciones. También le preguntaba a "mi conciencia superior" sobre nuevas terapias, justo en el momento después
de despertarme. Creía que estaba canalizando, pero ahora
sé que estaba contactando al inconsciente, que en la antigua tradición mexicana se conoce como "las cuevas de
poder".

Debo confesar que yo era el primer incrédulo con relación a los resultados. No tenía mucha confianza en mí
mismo y, de cierta forma, me sentía culpable por ser diferente, así que me costaba creer que estaba curando a la
gente con tanta facilidad y efectividad. Pero estaba sucediendo, y al cabo de un mes tenía la agenda llena, gracias
a las buenas recomendaciones sobre mí. Entonces aprendí
otra gran lección: si, por medio de tus sueños lúcidos, te
conectas con una sabiduría que sobrepasa tu mente, con-
fía en ella sin que te importe lo que suceda cuando estés
despierto. La información que recibes producirá resulta-

dos concretos. Todos los días lo experimentaba con mis pacientes.

Poco después, la persona que me había enviado a sus pacientes me preguntó si quería enseñar a sanar. Le respondí que sí y organizó en su clínica el que fue mi primer curso, donde enseñé a ocho personas a manejar la energía. Una de las asistentes tenía un programa de radio acerca de temas místicos y astrología, y me pidió entrevistarme en su programa. La entrevista gustó tanto a la audiencia que la emisora de radio me ofreció mi propio programa. Aunque parezca increíble, a los tres meses ya tenía mi propio programa de radio. Ahora, tras haber dedicado muchos años y esfuerzo a construir una carrera internacional, veo lo que sucedió en México como parte de mi plan de vida, pues en aquel entonces jamás hubiera pensado en tomar ese camino.

En México, la radio es un muy eficaz medio de promoción. A los pocos meses, tenía la agenda completamente llena e impartía cursos a entre 80 y 100 personas. Como es obvio, empecé a ganar mucho dinero, aunque aún rechazaba ese regalo de la vida porque quería ser actor. Mi éxito era rotundo y mis cursos crecieron rápidamente gracias a los testimonios asombrosos que mis alumnos ofrecían en mi programa de radio, que se llamaba "2010: Adelantando el tiempo". En él hablábamos sobre la remisión de enfermedades consideradas imposibles, la negativización de virus, cambios de vida radicales y, lo que era más impactante aún, el rejuvenecimiento. Al cabo de dos años, mis cursos de solsticio y equinoccio habían crecido hasta tener una matrícula de 2.000 a 3.000 personas, además de los cientos de alumnos a quienes impartía talleres semanales durante las giras que realizaba por diferentes ciudades del país, entre ellas Monterrey, Guadalajara y Veracruz.

Lo que viví entonces fue increíble. Las personas me besaban la mano como si fuera un santo, me esperaban afuera del hotel, me seguían y me enviaban correos electrónicos contándome el impacto de lo que había hecho. La situación se salió de control cuando un político muy importante que se encontraba sumamente enfermo me llamó para que lo curara. Cuando le dije que hiciera una cita como los demás, envió a sus escoltas para obligarme a ir a curarlo.

La atención que recibía comenzó a preocuparme y, además, estaba agotado, por lo que traté de alejarme de todo y concentrarme en mi vida social. Aquí y ahora me gustaría disculparme por todas las veces que llegué tarde a mis cursos y no cumplí con mis compromisos. Vivía una vida fuera de control y mi mente no era capaz de procesarlo.

Todo eso lo experimenté de la manera más rara, pues curaba a la gente y recibía cientos de cartas de agradecimiento, pero no había cambiado. Tenía los mismos amigos y seguía yendo a discotecas, lo que no fue del todo negativo y agradezco de manera infinita, pues entre toda la adulación que recibía era lo único que me permitía sentirme normal y mundano. Creo que por eso nunca perdí el piso, como he visto que les ha sucedido a varios en el sendero espiritual. No me creía mejor que los demás, simplemente reconocía que tenía un talento especial con el cual trabajar. En realidad, la adulación, los regalos, las cartas, el acoso y todo lo demás me hacían sentir incómodo. Aún no había visto lo que estaba por llegar, pero anhelaba escapar de ese mundo espiritual para realizar mi sueño de convertirme en actor y ser una persona "normal".

Creo firmemente que todo lo que vivimos ha sido previamente planeado en el sueño colectivo de la Gran Abuela Araña, que en su telaraña invisible teje y une nuestros destinos y planes de vida. Fue entonces que apareció en mi vida Hugo García o Hugo Nahui, el maestro al que me he referido, que es un experto en sueños y astrología lunar.

Hugo llevaba años estudiando la tradición mexihca y diversas formas de espiritualidad, entre ellas la Biblia, la astrología y la Kabbalah, entre otras. Parecía un moderno hombre del Renacimiento. Para ganarse la vida, manejaba un camión de pasajeros y había tomado la decisión de que solo tomaría por discípulo a quien se subiera a él. Según me dijo, un día me subí yo. Había estado oyendo mi programa de radio durante algunos días y había reconocido en mí a la persona que divulgaría su mensaje, por lo que comenzó a asistir a mis cursos. Al cabo de unas sesiones, se me acercó y me dijo: "En realidad, yo no vine a aprender, sino a enseñarte". Y, sin cobrarme nada, así de legítima era su intención, empezó a darme clases particulares, una vez a la semana, sobre astrología lunar, cultura mexihca y tolteca y sueño lúcido, entre otras prácticas. Gracias a él desarrollé una pasión total por las tradiciones antiguas. Mi verdadera transformación estaba por comenzar.

Por entonces Hugo profetizó: "Después del eclipse de julio del 2010, la sabiduría mexihca volverá al mundo y tú serás uno de los primeros representantes". Cuando me lo dijo, solo sabía lo que había aprendido de mi nana otomí y en mis sueños, además de las bases del conocimiento mexihca y tolteca que Hugo me había enseñado, así que no le di importancia. Tampoco lo cuestioné. Simplemente, lo olvidé. Hugo también me dijo: "Comenzarás por Italia y luego por Inglaterra". Ahora veo cuánta razón tenía, pues muchos años después ocurrió exactamente así.

Poco tiempo después de la llegada de Hugo a mi vida, la estación de radio decidió cancelar mi programa de un día para otro, para mi alivio. Como ya no necesitaba trabajar, decidí tomarme un tiempo y desaparecer de la vida pública, sin impartir cursos ni realizar sanaciones (mi escuela en México seguiría funcionando con personas a quienes había entrenado y contratado para que trabajaran conmigo). Por entonces tenía un sueño lúcido recurrente. El Popocatépetl, la montaña sagrada mexicana, me decía: "Tienes que ir a los Andes y aprender a trabajar con las montañas mexicanas", por lo que comencé a ir periódicamente a Cuzco y a Huasao, en Perú, para aprender la tradición chamánica de los *paqos* de los Andes. Allí conocí a Vilma Pinedo, gran amiga a quien tanto agradezco. Ella es heredera de uno de los linajes más importantes del conocimiento andino.

Poco después, Hugo, a quien ahora veo como elemento clave en mi vida, me dijo: "Te quiero presentar a mi amigo Xolotl para que continúe enseñándote". Así conocí a otra de las personas más importantes de mi vida, que ha sido uno de mis principales maestros y a quien honro como a todos los demás. Durante años, Xolotl me dio clases todos los martes. Me enseñó cosmología azteca y tolteca, danza, etimología náhuatl y nahualismo. Sus enseñanzas, junto con las del resto de mis maestros, le dieron sentido a mi vida. Por primera vez sentí que estaba haciendo lo correcto, que estaba en el lugar donde me correspondía estar, no en donde la vida me había puesto por necesidad, casualidad o ambición.

Tras escuchar miles de testimonios sobre cómo las personas habían logrado cambiar gracias a lo que yo les enseñaba, me di cuenta de que faltaba la pieza más importante para completar el rompecabezas: la mía. Comencé a practicar el sueño lúcido, el espejo de obsidiana y la sanación de mi propia "cueva" o inconsciente, y mi vida cambió significativamente. Regresé a vivir con mis padres por un año y sané heridas de la infancia y la adolescencia relacionadas con los conflictos que tuvieron lugar en mi casa, y decidí que no permitiría que mi pasado arruinara mi futuro. Así logré sanar una gran parte de mí, y sigo trabajando en ello, pues se trata de un proceso que no termina nunca.

Como dije anteriormente, no cambié mi antiguo estilo de vida hasta que no encontré algo más interesante que hacer, lo que sucedió cuando aprendí a soñar dentro de un conocimiento establecido y no de manera empírica como había hecho hasta entonces, cuando aprendí a explorar los cielos y el inframundo, a ver a los ancestros y descubrir lo que sucede en esas horas en que la mayoría de las personas se encuentra en el más completo estado de inconsciencia. No miento cuando digo que lo que sucede cuando uno está dormido es mucho más interesante que lo que sucede en estado de vigilia. Una vez que decidí recuperar el control de mi mente mientras dormía, fue mucho más fácil hacerlo mientras me hallaba despierto. Aunque todavía salgo, y algunas veces bebo, jamás pierdo la conciencia o el control. Recuperé mi vida. En mi libro anterior, *El secreto tolteca*, escribí que "las tradiciones antiguas habían salvado mi vida y era el tiempo de retribuir lo que había recibido".

Solo entonces volví a trabajar. Regresé a la radio y a la vida pública, pero había cambiado y, por lo tanto, el concepto del programa también debía cambiar. Decidí que no realizaría más sanaciones y dejaría de enseñar técnicas simples. Solo me dedicaría a enseñar las tradiciones mexihca y andina. Las tradiciones tolteca y mexihca, en particular, son muy complejas y requieren una disciplina absoluta. Uno debe enfrentarse a sus demonios y cultivar el sueño lúcido, y los resultados no se obtienen en dos días. Se requieren varios años de esfuerzo.

Como era de esperar, quienes estaban esperando mi regreso se sorprendieron con el cambio. Mi nuevo programa parecía el de otra persona y perdí a la mayor parte de mis seguidores. Pero, si yo había cambiado, mis alumnos también tenían que cambiar. Fue un cambio radical y no le temí al desastre financiero. Todos me aconsejaban que volviera a la fórmula anterior, pero yo creía que, si lo hacía, moriría. No me importó gastar todos mis ahorros. Si en un inicio había comenzado a curar en parte por dinero, ahora ofrecía todo mi dinero y mi seguridad para lograrlo, financiando yo mismo el programa de radio y asumiendo pérdidas tremendas. Me arriesgué y no di marcha atrás.

A pesar de que las condiciones externas no eran las más favorables, sentía que estaba haciendo lo correcto. En comparación, cuando antes había tenido un éxito rotundo, sabía que no estaba haciendo lo correcto y podía sentir el vacío y la tristeza interior. Mis amigos y mi familia en México me decían que jamás pegaría nada relacionado con lo mexicano porque somos malinchistas (término asociado con Malinalli, la intérprete de Hernán Cortés durante la Conquista, en gran parte responsable de la caída del imperio azteca) y lo único que nos gusta es lo extranjero.

Eso me enojaba aún más, pues en buena medida sabía que era cierto. Entonces pensaba que era ilógico que, con nuestra rica tradición, buscáramos afuera el conocimiento escondido justo delante de nuestras narices, y comencé a albergar el sueño de recuperar el éxito con lo que estaba haciendo. La segunda vez no llegó de manera intempestiva como la primera, pero logré hacer que mi programa triunfara una vez más y que otro tipo de estudiantes acudieran a mis cursos. No venían en busca del gurú o de alguien que les solucionara la vida, sino porque habían decidido tomar en sus manos la responsabilidad de su destino.

Una vez más, reaparecieron los testimonios de curaciones milagrosas y cambios rotundos, mucho más profundos y permanentes. Pero esta vez no era yo quien los lograba. Yo solo proporcionaba los medios. Fue la gente quien los realizó, y en más de una ocasión me enseñó que se podían hacer muchas más cosas de las que yo había enseñado, deshaciendo mis prejuicios mentales.

Nunca volví a ser acosado. Me sentía uno más de la tribu o *calpulli*, tan importante como todos los otros para el beneficio colectivo. Y entonces se realizó la profecía de Hugo Nahui: "Después del eclipse de julio del 2010, la sabiduría mexihca volverá al mundo y tú serás uno de los primeros representantes". Una editorial italiana ofreció publicar mi primer libro, *El amanecer del Sexto Sol*, y posteriormente Hay House UK publicó mi segundo libro, *El secreto tolteca*. Así comencé a compartir mi tradición por todo el mundo a través de mis cursos. La profecía de Hugo se había cumplido: comencé en Italia y después en Inglaterra.

Pero no fue fácil. Cuando por fin logré estabilizarme en México, el elemento Tierra se disolvió y comencé a viajar por todo el mundo. Eso fue a veces muy desgastante, y durante los dos primeros años me hizo caer en múltiples depresiones durante las cuales me sentía tentado a dar un paso atrás y regresar a México. Era difícil no escuchar a los que me decían que en México ganaba más dinero y estaba mejor, pero, como me sucedió anteriormente, algo en mi interior me decía: "estás haciendo lo correcto". Ello me permitía ignorar los consejos, ser fiel a mí mismo y continuar.

Hoy, mientras escribo el final de esta introducción en Estambul, donde he impartido un excelente curso sobre el trabajo con el espejo de obsidiana y he pasado unos días maravillosos, sé que, a pesar de lo que sufrí en los primeros años, todo valió la pena. Después de visitar lugares hermosos y estar rodeado de gente asombrosa, vuelvo a ver las líneas de mi rostro con una sonrisa. Ha valido la pena.

Hugo me enseñó que "México significa el lugar del ombligo de la Luna y que mexihca no significa ser mexicano, sino aquel que reconoce la importancia de sus sueños y hace algo por cambiarlos". Las enseñanzas de los mexihcas no son solo para los mexicanos, sino para todos los que las buscan alrededor del mundo, todos los que creen que los milagros dependen de que seamos capaces de soñar un sueño nuevo.

Por eso escribo este libro. *Cuevas de poder* es una recopilación de todo el aprendizaje de mi vida, incluyendo el recibido de Rosita, Laura, Hugo, Xolotl, los *paqos* de los Andes y mis propios sueños. Mucho de lo que está escrito aquí representa el verdadero tesoro de México, que es su sabiduría, no su oro.

Acompáñame en este viaje al poder oculto en tu interior, y créeme que, si lo aplicas en ti y en los demás, transformará tu vida. Buen viaje de autoconocimiento.

SERGIO MAGAÑA OCELOCOYOTL
Chicome Ocelotl, Atemoztli,
xihuitl Yei Acatl
Día 7 jaguar veintena, el descenso
de las aguas, año 3 carrizo

Primera parte

SANACIÓN

Capítulo 1
EL SISTEMA ENERGÉTICO HUMANO

Para poder realizar las terapias de acuerdo con las técnicas de los antiguos mexicanos, debemos comenzar por conocer nuestro sistema energético, que en la actualidad se conoce como aura y no es más que la energía que nos rodea, o *chakras* (palabra derivada del sánscrito *cakra*, que significa "rueda"), cuyo equivalente en náhuatl sería *"totonalcayo"* o "puntos que producen calor".

LOS CINCO CUERPOS

Así como necesitamos cinco dedos en cada mano para que funcione como un todo, para nuestro funcionamiento físico, mental y espiritual necesitamos cinco cuerpos:

- *Tonacayo:* Es el cuerpo físico, material, que nos da sustento; el vehículo mediante el cual experimentamos la realidad física.

- *Ihiyotl:* Significa "aliento" o "fuerza de vida", y es la energía sutil que proviene de los mundos etéricos y mantiene en movimiento a la materia. Nos conectamos con esta energía a través del hígado, y se extiende hasta las piernas. Los antiguos mexicanos entendían la muerte como el proceso mediante el cual el *ihiyotl* dejaba sin movimiento al cuerpo físico. Los cuerpos energéticos, sin embargo, seguían su camino.

- *Teyolia:* Es la energía alrededor del corazón, donde se produce el recuento de todo lo que experimentamos en nuestra vida o vidas y en nuestros sueños, lúcidos o no. Esta energía crea nuestros más arraigados patrones emocionales y de comportamiento. Su equivalente egipcio es *ba*.

- *Tonal:* Palabra asociada al calor, el día y el sol, es la energía que se encuentra alrededor de la cabeza cuando estamos despiertos —el famoso halo—, que quienes han desarrollado la percepción extrasensorial ven de color ambarino. Al dormir, el *tonal* intercambia su posición en el cuerpo con el *nahual*, y pasa de la cabeza al área abdominal. Como el *tonal* está regido por el sol, cuando ambos coinciden tenemos una percepción asociada a la realidad material, que tiene en cuenta las leyes físicas del tiempo y del espacio.

- *Nahual:* Proviene de las palabras náhuatl *"nehua"* (que significa "yo") y *"nahualli"* ("lo que se extiende"), por lo que su significado es "aquel que soy más allá del *tonal* y de la realidad física". Es el cuerpo energético que utilizamos para dormir, y uno de los vehículos que nos servirá al morir. El *nahual* está regido por la Luna. Cuando nos quedamos dormidos, el *tonal* y el *nahual* intercambian posiciones, por lo que entramos en otra percepción. En el mundo de los sueños no hay tiempos ni limitaciones físicas. Según los antiguos mexicanos, era el lugar donde se creaba todo. Este cuerpo tiene su equivalente egipcio en el llamado *ka* o cuerpo lunar.

El movimiento de todos estos cuerpos forma la llamada aura o esfera de energía que se conoce como *teotolontli*.

Muchas de las técnicas que se describirán en este libro están orientadas a crear estados de ensoñación, también conocidos como "sueños lúcidos" o "soñar despiertos", en los que el *tonal* y el *nahual* se fusionan mediante técnicas de respiración o prácticas específicas. Si estas se realizan en un estado alterado de conciencia cercano al sueño, que como he dicho anteriormente no está regido por leyes físicas ni temporales, se obtendrán cambios que parecen desafiar el tiempo y que muchos podrán considerar imposibles.

En el México antiguo, el *nahual* era el sabio que podía unir los estados de sueño y vigilia, lo mismo estando despierto que dormido. En mi libro anterior, *El secreto tolteca*, describí métodos para obtener un resultado similar en sueños. Este nuevo libro, *Cuevas de poder*, reúne métodos para lograrlo desde un estado de ensoñación y de conciencia.

LOS SIETE PUNTOS ENERGÉTICOS, LLAMADOS *TOTONALCAYOS* O *CUECUEYOS*

Los antiguos mexicanos tenían dos nombres para los centros energéticos, que en otras tradiciones se conocen como *chakras: totonalcayo* (que significa "lugar productor de calor") y *cuecueyo* (que proviene del náhuatl *cuey* y significa "curvo"). Ambos son sinónimos de la palabra *chakra*. También tenían dos sistemas de *chakras*. El primero provenía de las culturas chichimeca, tolteca y mexihca (en el norte y centro de México), y el segundo, de las zonas del sur, cerca de la región maya (este se parece mucho más al sistema tradicional de *chakras* que se conoce en todo el mundo).

Por lo general, prefiero trabajar con el primer sistema, pues creo que es más auténtico. Es mexicano, figura en uno de los códices precolombinos y, como incluye a los antepasados, el calendario, las flores, los sueños y los pedernales, refleja la antigua cosmología mexicana. El segundo sistema es una adaptación del sistema de *chakras* oriental, con sus características propias. Lo he incluido aquí porque algunas personas lo utilizan, incluido Xolotl, uno de mis profesores, pero en mis cursos y seminarios alrededor del mundo utilizo el primer sistema.

Primer sistema

Colotl: Significa "escorpión" y se encuentra localizado en el cóxis. Se decía que el escorpión, con su cola, bajaba los viejos vientos o energías, por lo que es el único centro energético localizado en la parte trasera. Su color es negro y, según los antiguos mexicanos, es aquí donde la metafórica cola del escorpión trae la energía de nuestros ancestros o vidas pasadas a nuestra vida presente, lo que muchos conocen como karma.

Ihuitl: Significa "pluma", se encuentra localizado en el área genital y sus colores son rojo y blanco. La energía sexual, *coatzin*, que quiere decir "serpiente venerable", se encarga de crear todo en nuestra vida, tanto lo bello como lo desagradable, pero para subir necesita ser tan ligera como una pluma. Este centro energético nos aligera de malas emociones, enfermedades, etcétera, y evita que vivamos presos de nuestras necesidades e instintos. La metáfora de la pluma es muy similar a la que aparece en el *Libro de los Muertos* egipcio.

Pantli: Significa "bandera", que para los antiguos mexicanos era el símbolo del número 20. Los glifos del calendario son veinte, y este número está relacionado también con los cinco dedos de cada mano y cada pie, que suman veinte y nos hacen un ser completo. Este centro se encuentra localizado en el ombligo y su color es blanco. Todos nacemos en un glifo del calendario mexicano o *cuauhxicalli*, que se asocia con un número y determina nuestros talentos y retos. En mi caso, es "8 Lagartija". Un "8 Lagartija" mal encaminado pasará su vida atrapado en los placeres y la sexualidad, pero uno bien dirigido será bueno en las artes o las ciencias ocultas. Trabajar y sanar este tercer punto ayuda a mover nuestra energía de los aspectos dolorosos de nuestra carta calendárica a los más favorables, aunque no conozcas tu estudio calendárico.

Xóchitl: Significa "flor", se ubica en el pecho y su color es rojo. En este punto se unen el pasado y el futuro, el conocimiento precioso y la renovación, la energía creativa de los cielos y la densa de los inframundos. Florecer es hacer converger en armonía todas estas energías para que se expresen en tu vida de una manera bella. Por el contrario, si este punto está desequilibrado, manifestarás dolor y tristeza en tu vida.

Topilli: Significa "cetro" o "bastón de mando", se ubica en la garganta y su color es azul. Es el centro donde reside el poder personal, los triunfos, los fracasos y el poder mágico creador de la palabra, que según los cantos náhuatl puede ser bella como la turquesa y el jade o destructiva como la punta de obsidiana. Este punto se trabaja para restaurar nuestro poder de manifestación a todos los niveles.

Chalchiuhuitl: Significa "jade", se ubica en la frente y su color es verde. Para los antiguos mexicanos, el jade era el material más precioso, incluso más que el oro. Es el punto donde se encuentran las emociones y donde se puede unir el *tonal* con el *nahual*, el despierto y el dormido. Es decir, es el lugar de la ensoñación y el sueño lúcido, con los que se pueden obtener resultados increíbles a través de las técnicas presentadas en este libro.

Tecptal: Significa "pedernal", se ubica en la coronilla y sus colores son rojo y negro. Los pedernales indican la reflexión y la justicia que nuestras acciones, sueños y palabras provocan. Este punto se trabaja para cambiar un destino apegado al sufrimiento por uno de paz y, principalmente, como punto de la muerte consciente e iluminada.

Segundo Sistema

El segundo sistema se usaba en otras regiones de habla ná-huatl. Ambos son válidos, pero este se parece más al sistema *chákrico* tradicional conocido mundialmente.

Tlalli: Significa "Tierra" y se encuentra entre el ano y los genitales. Se dice que está hecho de obsidiana y sus colores son negro y rojo, que se asocian con la Madre Tierra y con la Madre Cósmica.

Tleltl: Significa "fuego" y rige la fuerza de la sexualidad y la creación. Tiene varios tonos, como el fuego, y está ubicado en el área genital.

Quiahuiztli: Asociado con la lluvia, se encuentra ubicado en el plexo solar. El agua está conectada a las emociones, por lo que se considera el centro emocional.

Ehecatl: Significa "viento" y está en el corazón. Se asocia con los cuatro vientos: el que da bendiciones, el que purifica, el que quita las espinas y el que trae desgracias. Está íntimamente ligado al cuerpo energético *teyolia*, que es donde tiene lugar el recuento de nuestra vida y nuestros sueños, que nos atraerán distintas circunstancias.

Nacatl Tlaxtequi: Significa "lo que corta la carne", está ubicado en la garganta y se refiere al poder tanto constructivo como destructivo de la palabra, que puede crear o deshacer vidas, es decir, cortar la carne.

Ixquihta Nahuatoton: Es el ojo que todo lo ve, está ubicado en el lugar donde tradicionalmente se localiza el tercer ojo y tiene las propiedades de videncia y sueño lúcido.

Xochiyotl: Es la esencia de la flor y nos puede llevar a nuestro florecimiento. En el México antiguo, era el nombre que se le daba a la iluminación. Está ubicado en la coronilla.

///

EJERCICIO
EQUILIBRAR LOS *TOTONALCAYOS*
CON EL PODER DEL SONIDO

Este ejercicio debe realizarse todas las mañanas, antes de comenzar la rutina diaria, y repetirse al final del día.

- Haz los siguientes sonidos durante unos segundos, como si estuvieras cantando: "Tzaaaaa", "Tzeeeee", "Tziiiii", "Tzooooo" y "Tzuuuuu".

- Cada sonido equilibrará un punto, comenzando con el más bajo.

- Comienza con "Tzaaaaa" para equilibrar el primer *totonalcayo* (en cualquiera de los dos sistemas).

- Luego muévete a "Tzeeeee", que equilibrará el segundo.

- "Tziiiii", "Tzooooo" y "Tzuuuuu" equilibrarán el tercero, cuarto y quinto *totonalcayos*.

- Luego comienza de nuevo con "Tzaaaaa", para equilibrar el sexto punto, y así sucesivamente.

- Continúa hasta que hayas equilibrado cada uno de los *totonalcayos* tres veces, y termina con "Tziiiii" para todos los puntos de energía, haciéndolo una cuarta vez. (Explicaré el significado del número cuatro en el siguiente capítulo).

- Al final, junta tus manos y pronuncia *"Ometeotl"*, que significa "las dos energías unidas para crear". Da la orden de que todos tus *totonalcayos* se equilibren con el poder del sonido y vuelve a repetir la palabra *"Ometeotl"*.

Capítulo 2

NUMEROLOGÍA TOLTECA

He oído varias veces la expresión "Dios debió ser un matemático" para referirse al orden cíclico y predecible del universo que se expresa en todo lo que vemos, tanto en la naturaleza como en el funcionamiento de máquinas y computadoras.

Para los antiguos mexicanos, comprender la fuerza creadora equivalía a comprender los números y su relación con nosotros. *Tlahtolli* quiere decir "palabra" y "el orden matemático de la creación". En el México antiguo, la energía creadora se conocía como *Centeotl*, que quiere decir "el que da medida". Entender la creación, por lo tanto, es comprender los números y su relación con nosotros.

SIGNIFICADO DE LOS NUMERALES

Es importante conocer el significado que los números del 1 al 20 tenían para los teotihuacanos, mayas y aztecas. Ello permite comprender tanto las técnicas que describo en este libro y el número de veces que deben repetirse, como la razón por la cual algunas basan sus ciclos en los números 7, 9, o 13. Es decir, quedará claro por qué los sorprendentes resultados de la curación pueden venir de la aplicación de las matemáticas sagradas.

Estas prácticas de curación necesitan tiempo y espacio para trabajar, pero con ellas se puede lograr una transformación. No se trata de magia, sino de una antigua ciencia que se puede reproducir.

Ce: Quiere decir "1" o "unidad".

Es la abstracción del concepto de energía primera o primigenia, es decir, la energía creadora o en unidad de toda la creación, a la que los antiguos mexicanos llamaban *Centeotl*.

El número 1 representa la energía inicial, es decir, la que existía antes de la creación, por lo que ninguna técnica debe realizarse solo una vez. Hacerlo una sola vez equivale a manifestar solamente la intención de la energía primigenia, lejos de la acción y la manifestación. En los seres humanos, *Centeotl* se expresa como el poder de nuestros pensamientos y sueños para crear, pero deben transformarse en palabra, acción y, sobre todo, repetición para que se anclen en lo que llamamos materia.

El primer *totonalcayo*, *Colotl* (que significa "escorpión"), está relacionado con este número, ya que *Centeotl* nos crea utilizando ese *totonalcayo* como punto de partida. Está vinculado a la energía en la que se basa toda nuestra existencia, y expresa lo que los antiguos mexicanos llamaban "los viejos vientos" y la gente de ahora conoce como "karma".

Ome: Quiere decir "2" o "dos".

Viene de la raíz *omitl*, que significa "hueso", y es una metáfora de la energía inicial que debe partirse en dos, como un hueso hueco, para comenzar la creación. Es decir, una intención sembrada en el número 1 debe bifurcarse en dos opuestos, que para los antiguos mexicanos eran *Ometecuhtli* y *Omecihuatl*, que quieren decir "Señor dos" y "Señora dos" y que crean desde los opuestos, mediante la palabra y el humo del sahumador (son los equivalentes mexicanos de los famosos *yin y yang* de la cultura oriental).

De aquí surge la palabra *Ometeotl*, que quiere decir "dos fuerzas opuestas que se unen para crear". Tradicionalmente, al concluir las ceremonias y curaciones siempre decimos: "*Ometeotl*". Luego formulamos la intención y cerramos de nuevo con la palabra "*Ometeotl*".

Para los antiguos mexicanos, era impensable que el orden matemático no estuviera directamente relacionado con nuestro cuerpo. Por eso el número 2 se expresa en nuestros huesos, ya que en ellos se encuentra grabada toda la memoria de nuestros ancestros, y para lograr grandes cambios muchas veces estas memorias tienen que ser borradas mediante distintas técnicas. Para los antiguos mexicanos, los huesos y la sangre eran el equivalente de nuestro ADN, el lugar donde se encuentran almacenados las memorias ancestrales y los códigos ocultos en nuestro interior.

Aunque el número 2 contiene dos energías opuestas creadoras, todavía está muy lejos de la manifestación. Por eso las técnicas de sanación y rejuvenecimiento tampoco deben realizarse dos veces solamente.

Yei: Quiere decir "3" o "tres".

Proviene de *yeztli*, que significa "sangre", la cual puede entenderse de dos maneras distintas: como sangre humana, de la que hablaré posteriormente, o como la energía que se produce al juntar los dos opuestos, *Ometecuhtli* y *Omecihuatl*, que en lenguaje moderno son las fuerzas eléctrica y magnética que comienzan a dar forma a la nueva creación. Los antiguos mexicanos describían este proceso como la sangre que corre por un hueso hueco. Se trata de una energía nueva que combina las dos energías originales, pero que todavía no se ha convertido en materia y en vida. Por lo tanto, tampoco se debe repetir una técnica solamente tres veces.

Para los antiguos, la sangre humana era sagrada porque unía los dos principios creadores de los seres humanos: *tonal* y *nahual*, lo que somos despiertos y lo que somos dormidos, cuando soñamos. ¿Por qué la sangre los une? Se dice que, cuando estamos en el útero soñando lo que fuimos y en qué nos convertiremos, estamos usando nuestro *nahual*, y al nacer por el canal de nuestra madre, cubiertos de sangre, por primera vez entramos en contacto con nuestro *tonal*, que es lo que somos despiertos. El elemento presente en esa transformación es la sangre.

Dentro de nuestra cueva o inconsciente sabemos que la sangre lleva grabado todo lo que hemos vivido en el *nahual* y en el *tonal*, y al pasar dentro de los huesos huecos activa la vibración de los ancestros. Este libro ofrece técnicas para adquirir uno de los más grandes poderes, la medicina escondida en el interior del cuerpo: el poder de la propia sangre.

Nahui: Es "4" o "cuatro".

Proviene de la unión de la palabra *nantli* (que significa "madre") y *hui* ("orden"). Es el orden de la Madre Cósmica y de la Madre Tierra, entendiéndose por madre aquella que da vida. Por lo tanto, si seguimos la secuencia del número 1, que es pensamiento y se divide en 2 energías creadoras (número 2) para dar lugar a una nueva energía que las combina (número 3), se puede llegar a la materia (número 4). Se requieren solo cuatro elementos de la Tierra para dar vida. Los antiguos mexicanos sabían que la base de la vida y de cada ciclo se sustenta en el número 4. Hoy la ciencia lo confirma, ya que son cuatro los elementos que dan vida y ese orden está presente en todo lo existente y en los ciclos de la naturaleza: son cuatro los elementos, cuatro las fases de la Luna, cuatro las estaciones y dos los solsticios y dos los equinoccios que hacen un ciclo solar.

Por eso, las prácticas descritas en este libro se deben repetir por lo menos cuatro veces para obtener resultados. Por la misma razón, el ejercicio de armonización de los *totonal-cayos* con el poder del sonido se hace cuatro veces. Si la terapia recomendada tiene afinidad con el número 9, por ejemplo, se repetirá 4 veces 9, es decir, 36 veces. Si la práctica tiene afinidad con el número 13, se recomienda hacerlo 4 veces 13, es decir, 52 (número que está relacionado con el ciclo de las Pléyades y de Orión, como veremos más adelante). Como los números y el universo están directamente relacionados entre sí, cuando se repiten las prácticas cuatro veces uno se alinea con el orden de la madre y da vida a algo nuevo.

A nivel humano, nuestros pensamientos y sueños tienen que ser comunicados a la Madre Tierra para su manifestación. En este libro, las técnicas de manifestación y rejuvenecimiento enseñan a entregar nuestras creaciones a *Tonantzin*, nuestra venerable Madre Tierra, para que les dé vida.

Mahcuilli: Quiere decir "5" o "cinco".

Su raíz significa "agarrar con los dedos", que se representan como gusanos. Eso quiere decir que aquello que hemos expresado a la Madre Tierra en nuestros sueños y pensamientos le será transmitido a nuestros dedos para que podamos hacerlo. Es importante tener en cuenta que, como los dedos están compuestos por huesos, tienen la información de nuestros ancestros, por lo que, si lo que deseamos es ajeno a lo vivido por nuestros ancestros, nos será muy difícil manifestarlo. Por eso es vital sanar a nuestros ancestros y borrar los patrones negativos ancestrales para obtener nuevas creaciones. Así como una mano se compone de cinco dedos, el número 5 nos da un gran poder a los humanos: nos permite hacer y dar movimiento a lo creado.

Chicoacen: Quiere decir "6" o "seis".

Las raíces de esta palabra significan "el poder de la serpiente unida" o "el poder de la energía unida". Como nuevo principio, el número 6 es la energía que unifica nuestro sueño-pensamiento con la energía de nuestros huesos y ancestros, el poder creador dual de la sangre, la capacidad de la Tierra para dar vida, y la nuestra para hacer cosas en nuestro diario andar que se expresarán a través de la energía de los cuerpos energéticos descritos y de los puntos energéticos o *totonalcayos*. El número 6 es el principio que permite comunicar nuestro mundo interno con el externo, lo que está oculto en nuestro interior y en el interior de la Tierra con lo que es externo, como nuestra vida, pero fue generado en nuestro interior. Al interior se le llama cueva de poder, ya que de esta combinación descrita se generará todo lo externo.

Chicome: Quiere decir "7" o "siete".

De una manera más profunda, el número 7 esconde el significado del poder de la energía unida que se manifiesta. Representa al *Tlahtolli* o palabra, el orden, el sistema en el que la vida es creada por la energía primordial a través de la dualidad de hueso y sangre, y se expresa en la Tierra abiertamente a través de lo que hacemos y energéticamente a través de nuestros *totonalcayos*. Para los antiguos mexicanos, el número 7 era el de la creación, por eso está directamente relacionado con la renovación, la vida y la muerte, y el poder de la palabra.

Muchas de las técnicas descritas en este libro tendrán como base el número 7, pues representa la creación. Si multiplicamos 7 x 4, que es el orden de la madre, obtenemos 28, que es el ciclo lunar, lo que nos alinea con la fuerza más importante junto con el Sol de creación y destrucción, la Luna, que para los antiguos mexicanos era la que daba fortuna o desgracia. Si observamos, podemos ver que la luna nueva es carencia y la llena, exceso, que un lado de la Luna es luminoso y el otro, oscuro. Por eso, al alinear nuestras técnicas con los ciclos lunares, obtenemos resultados asombrosos.

Chicuey: Quiere decir "8" u "ocho".

Sus raíces vienen del poder del flujo sanguíneo. Pero, si entendemos como sangre a la energía del Universo, este número salta de lo personal a lo colectivo. Aquí, todo lo que generamos a nivel interno con los siete números previos se une en el sueño colectivo con lo creado por los demás, y se van tejiendo de manera oculta, en la cueva, conexiones con otros seres humanos a través de la telaraña invisible de los sueños.

Así se determina en el interior lo que llega a nosotros desde todas las direcciones del Universo y nos une con personas y situaciones, en apariencia de forma casual, pero secretamente sincronizada.

Chicomoztoc

El número 8 está relacionado con la noche, lo que no es claro, con lo que nos hace identificarnos con una persona y no con otra, y con lo que está oculto en nuestro inconsciente, como la oscuridad de la noche. Terapéuticamente, está asociado con todas las cosas que están enterradas en la oscuridad de nuestra propia sombra, a la espera de que las procesemos, causándonos problemas mientras tanto.

El número 8 se asocia con lo que los antiguos mexicanos llamaban iluminación a través del sendero de la oscuridad, que se refiere a la exploración de los sueños, los instintos y los estados alterados de conciencia.

Chicnahui: Quiere decir "9" o "nueve".

De una manera más profunda, el número 9 nos refiere al poder de lo que está oculto, ya no en la noche que une destinos, como el 8, sino dentro de la Tierra. Para los antiguos mexicanos, los inframundos eran lugares donde la mente está atrapada en patrones repetitivos, paradigmas limitantes y emociones destructivas que se repiten en los sueños y, por lo tanto, en la vida.

El número 9 se utiliza mucho en las terapias de sanación porque sintoniza y trae a la superficie los problemas, para que puedan ser superados. Es el número que conecta con lo que la luz no deja mirar, lo que está oculto tanto dentro de uno como en la Tierra, que permite la sanación de uno y de los demás.

El número 9 es el que centra al 8 para que no ocurran eventos sincronizados sin control, porque quien logra superar el 9 llega a la cúspide de la realización, a las cuevas de poder donde ya no existe la palabra imposible y se asume el control de la vida a voluntad.

Mahtlactli: Quiere decir "10" o "diez".

En un sentido más profundo, significa "el dorso de la mano", y enfatiza que, si con una mano que tenía cinco dedos se puede hacer mucho, con una segunda mano con otros cinco dedos se puede dar un paso gigantesco: dos manos permiten cambiar el hacer anterior, que estaba determinado por el número 9.

En las técnicas de sanación, el número 10 se utiliza para lograr la disciplina, sanar las emociones y cambiar pautas pasadas, de modo que uno pueda abrirse paso al futuro y desarrollar incluso poderes proféticos.

Mahtlactli once: Quiere decir "11" o "diez y uno".

Aquí comenzamos un nuevo ciclo de cinco, que dará inicio a la conformación de un pie. Cuando cambia el hacer, tiene que cambiar el rumbo. A nivel humano, al ser un nuevo rumbo, el número 11 no siempre es agradable en un inicio. Puede traer enfermedades, crisis o rupturas, dirigidas a vencer nuestra resistencia al cambio y obligarnos a hacerlo. En este momento, nuestro planeta está pasando precisamente por su número 11. Grandes crisis han obligado a la humanidad a cambiar su rumbo y su hacer. Al ser un número que muchas veces produce cambios a través del sufrimiento, no se utiliza en la terapia alternativa.

Mahtlactli omome: Quiere decir "12" o "doce".

Se ha de recorrer un largo camino desde el 1 hasta el 10, cuando al cambiar el hacer es necesario también cambiar de dirección.

A nivel humano, mucha gente jamás llega a estos planos numerológicos. La mayor parte de las personas permanecen atrapadas en el número 9, en sus inframundos, sin poder acceder jamás al 10 para cambiar lo que hacen y su naturaleza. El número 12 es el conocimiento adquirido en todo este proceso, que permite reconocer el pasado para no repetirlo y para que llene de luz el nuevo camino. En la numerología tolteca, el 12 es el número de la sabiduría.

Mahtlactli onyei: Quiere decir "13" o "trece", o "10 y 3".

Es el número más importante en la antigua numerología mexicana. Está directamente relacionado con el Sol, el arquetipo de tantas culturas antiguas para la iluminación. Los antiguos mexicanos sabían perfectamente que la rotación del ecuador solar tiene una duración de 26 días terrestres, por lo que cada 13 días nos da una nueva cara. A este ciclo, que conforma una onda solar, se le conoció como trecena, y tanto los mayas como los toltecas y los aztecas dividieron su calendario en ciclos de 13 días. Este es también el número que representa los 13 cielos o 13 pasos que la energía inicial tiene que realizar para transformarse en materia.

Al estar relacionado con el Sol, es el número asociado con el florecimiento, por lo que los antiguos mexicanos lo utilizaban para referirse a la iluminación, concepto que significa sanar a los ancestros, renovarse de una manera distinta, sanar los inframundos y acceder al conocimiento precioso. Por tanto, este número está asociado con *Quetzalcóatl*, el arquetipo de iluminación de los antiguos mexicanos, a quien los mayas llamaban *Kukulcán*.

En las técnicas de sanación, el número 13 se utilizará para acceder al conocimiento más refinado del Universo, como enseñaré en varias técnicas posteriores.

Mahtlactli onnahui: Quiere decir "14" o "catorce", o "10 y 4".

Marca un nuevo comienzo después de un periodo de 13 días o trecena, iluminación o florecimiento. Es decir, reinicia la cuenta. Naturalmente, una vez que se ha florecido, el camino que se recorre aparece perfectamente sincronizado, tanto con el orden cósmico como con el terrestre. A menudo usamos nuestras manos en rituales y prácticas de curación con el propósito de establecer un nuevo orden en nuestra vida, después de una trecena en términos de tiempo. Es la sabiduría de quien camina ya de la mano del flujo del Universo y de la Tierra. Por eso, en las técnicas de sanación y manifestación que se presentan aquí, el paso 14 frecuentemente se muestra al juntar las manos y decir *"Ometeotl"* junto con la indicación de lo que se quiere hacer realidad.

Caxtolli: Significa "15" o "quince".

Este número completa el tercer ciclo de cinco, o primer pie. *Caxtolli* tiene en sus raíces el conocimiento del movimiento de la jícara celeste o los ciclos del Universo.

La ruta tolteca comienza con el número 15. ¿Por qué? *Caxtolli* significa, literalmente, "el que entiende la medida". ¿Qué medida? La medida cósmica, que incluye desde miles de años hasta ciclos lunares menores y los diferentes movimientos de cada día.

Caxtolli once: Significa "16" o "dieciséis", es decir, "15 y 1".

Da inicio a un nuevo ciclo de cinco, que en este caso es el segundo pie que relaciona la numerología con nuestro cuerpo. En el ámbito humano, ello supone no solo dominar los ciclos del Universo, sino también usarlos para crear. Muchas de las técnicas de curación y manifestación que presentaré en este libro utilizan las matemáticas del Universo para ese propósito.

Caxtolli omome: Quiere decir "17" o "diecisiete" o "15 y 2".

Aquí se da un avance completo, ya que *omome* lo devuelve a uno a la dualidad, al ser 15 + 2. Es el que mejor conoce a *Ometecuhtli* y *Omecihuatl,* las fuerzas duales opuestas a *Tezcatlipoca* y a *Quetzalcóatl.* Quien llega a este número ha dominado el mundo de la vigilia y el mundo de los sueños y es capaz de fusionarlos para producir los cambios que algunas personas llaman milagros, pero que en realidad son solo la capacidad de hacer de dos mundos, uno, porque en realidad son uno.

Caxtolli onyei: Quiere decir "18" o "dieciocho", o "15 y 3".

Recordemos que el número 3 está relacionado con la sangre y se refiere a aquel que ha despertado mediante el poder de la serpiente, que es energía y sabiduría, y puede manipular la energía a voluntad con la sangre del Universo. Este libro ofrece técnicas diseñadas para despertar el poder sagrado de la sangre, honrarlo y usarlo para sanar y crear.

Caxtolli onnahui: Quiere decir "19" o "diecinueve", o "15 y 4".

El número 4 está asociado con el orden de la madre, como el 15 está relacionado con la jícara celeste, por lo que el número 19 no se refiere a la Madre Tierra, sino a la Madre Cósmica. Es aquel que puede visitar a la Madre Cósmica.

Una forma de visitarla es no perder el conocimiento cuando se duerme en completa oscuridad, sino permanecer en un sueño lúcido. Ello permite permanecer en la Madre Cósmica, es decir, en una especie de meditación mientras se duerme. Quien pueda hacerlo, tendrá poderes increíbles cuando se levante. Quienes alcanzan el nivel 19 en la tradición tolteca pueden influir en lo que las personas llaman realidad. También habrán vencido a la fuerza oculta que los ha estado gobernando: el inconsciente.

Cempohualli: Significa "20" o "veinte".

El número 20 representa el estar lleno de experiencia, que a la vez permite estar vacío o lleno de vacío. Es el número que finaliza el cuarto ciclo de cinco días, y marca la finalización del segundo pie, lo que permite caminar por el sendero que se desee. Aquí el conteo regresa y comienza desde 1. No desde 0, sino desde una posición de estar lleno de conocimiento y feliz de comenzar un movimiento o ciclo diferente.

La escultura de *Coatlicue*, la madre divina, diosa de la fertilidad y gobernante de la vida y la muerte, que se exhibe en el Museo Nacional de Antropología de la Ciudad

Coatlicue

de México, representa este sistema numérico. Se trata de una figura femenina que lleva una falda de serpientes y un collar de corazones y manos humanas.

Para los antiguos mexicanos, la muerte era un cambio mayor que no solo se refería a la muerte física. Había muchas muertes, como por ejemplo la concepción, cuando se deja de estar muerto para volver a estar vivo; el nacimiento, cuando se produce un cambio total al salir del útero para vivir en la Tierra; la pubertad, etcétera. *Coatlicue* tiene manos, corazones y un cráneo en el centro de la imagen.

Se deben seguir los veinte pasos descritos anteriormente para lograr cambios, sanar o realizar lo que algunas personas llaman milagros, así como para prepararnos para nuestro próximo gran cambio, una muerte consciente y lúcida. Las manos representan las acciones que determinarán el camino que recorrerán nuestros pies.

Este libro ofrece muchas herramientas prácticas para alinearse con el Universo siguiendo estos pasos, de modo que se pueda lograr la más grande transformación a la que un ser humano puede aspirar: cambiar hacia su más grande ideal, despertar el poder de su sangre y ser uno con el Universo.

Ometeotl

Capítulo 3

CUEVAS DE PODER

Aunque aprendí técnicas de curación cuando era niño, curiosamente el último conocimiento que adquirí fue el que más mejoró mis terapias. Sobre ese conocimiento creo que nunca se ha escrito, por lo que ha permanecido hermético y desconocido hasta ahora, pero elevó grandemente la efectividad de todo lo que había practicado antes.

A pesar de que estas técnicas secretas llegaron a mi vida recientemente, hablaré sobre ellas en primer lugar para que nadie tenga que esperar veinte años o más, como yo, para recibirlas. El conocimiento al que me refiero se conoce como las cuevas de poder, pues se refiere al poder oculto en el ser interior.

Como he dicho antes, para los antiguos mexicanos la cueva es el interior donde residen los sueños e inframundos, así como nuestros instintos e inconsciente. Es decir, nuestro poder está escondido en la oscuridad de nuestra cueva. Si se activa, tendremos un control casi total sobre nuestra vida.

Hay veinte cuevas de poder, es decir, veinte formas de trabajar con nuestro ser interior. Siete de ellas corresponden a una serie de acciones que podemos llevar a cabo en el estado *tonal* (el estado de vigilia) para el autoempoderamiento. Las otras trece corresponden a acciones que solo podemos llevar a cabo en el *nahual* (el estado del sueño). Como este libro está dedicado principalmente a la sanación —no a los sueños—, solo describiré las siete prácticas que podemos realizar mientras estamos despiertos. Mi objetivo es cubrir el resto en futuros libros. Quienes hemos tenido la fortuna de recibir este conocimiento, fuimos entrenados para realizar las primeras siete técnicas de manera previa, por lo que al presentar solo estas siete opto por una concepción gradual del entrenamiento, que es la manera correcta.

EL LUGAR DE LAS SIETE CUEVAS

Una de las historias reflejadas en las crónicas de la fundación de Tenochtitlan (hoy Ciudad de México) cuenta que, en la antigüedad, los aztecas vivían en Aztlán, un lugar de casas blancas, lleno de garzas, donde la gente era buena y se hablaba náhuatl. Sin embargo, siete tribus diferentes emigraron de Aztlán en una peregrinación que tenía como objetivo encontrar la tierra prometida. Sabrían que habrían encontrado ese lugar cuando vieran a un águila devorando a una serpiente sobre un nopal.

Llama la atención la similitud entre las palabras "Aztlán" y "Atlántida", aunque sugerir que entre ellas existe una conexión es una mera conjetura personal. Algunos académicos consideran que Aztlán existió en realidad, mientras que otros piensan que se trataba de un lugar mítico. De este nombre se deriva la palabra "azteca". Es decir, los aztecas son "los que vinieron de Aztlán".

Cuentan las crónicas que, durante mucho tiempo, las siete tribus vivieron en un lugar llamado Chicomoztoc. Los estudiosos creen que su traducción literal es "el lugar de las siete cuevas", pero en la tradición oral espiritual significa "siete cuevas de poder".

Chicomoztoc

Algunos ubican a Chicomoztoc en Guanajuato; otros, en El Cerro de la Estrella; y otros aun, en las pirámides de Teotihuacán. Para mí, y para muchos que siguen la tradición mexihca y tolteca, el códice donde se dibuja Chico-moztoc es bastante claro. Describe un fantástico mundo interior que está conectado al mundo exterior a través de siete portales que llevan desde el *nahual* al *tonal*, desde el inconsciente a la vida cotidiana. Se refiere a las siete cuevas de poder, los siete *totonalcayos* o *chakras*.

En la tradición del Águila negra también sale todo lo que es creado, pero hay que acceder allí para recuperar el poder creador. Cuando se activan estas cuevas de poder, se accede al *Chicomoztoc*, que es el poder escondido en el interior y que se podrá expresar hacia el exterior mediante curaciones maravillosas, rejuvenecimiento y vuelo espiritual.

LAS SIETE CUEVAS

Activar el *Chicomoztoc* o las siete cuevas significa conectar nuestro poder interno a lo que llamamos realidad, para que lo podamos expresar en forma de curación, rejuvenecimiento y manifestación. Pero debemos entrar antes en la oscuridad para recuperar nuestro poder creativo. En nuestra tradición, la oscuridad no es algo malo; eso es solo un prejuicio moderno. Los antiguos pueblos de México veían la oscuridad como en la Biblia, entendiendo que la luz brilla desde la oscuridad. Es decir, la oscuridad es la que da vida a nuestras creaciones. En la antigüedad, estas prácticas eran solo para un grupo selecto y se realizaban a oscuras, en las cuevas geológicas, aunque también se podían realizar fuera de ellas.

La primera cueva: *Tonal*

La primera cueva se llama *Tonal*, que significa "día" y "aquel que eres cuando estás despierto", lo que se puede interpretar también como "aquel que tu mente piensa que eres", es decir, la personalidad. Muchas cuevas en México tienen un agujero en la parte superior. Los estudiosos piensan que eran observatorios antiguos, pero eso solo es una parte de la verdad. También se usaron en el entrenamiento espiritual de sacerdotes, guerreros, gobernantes y practicantes del nahualismo, que es el arte de soñar.

Muchas de las prácticas que describiré se realizaron en este tipo de cuevas, y continúan practicándose en ellas hasta el día de hoy. Idealmente, este primer ejercicio debería llevarse a cabo dentro de una cueva. Si no fuera posible, puede hacerse también en un lugar oscuro donde se filtre una luz.

Se debe permanecer allí el mayor tiempo posible para ver cómo se filtra la luz a través de la oscuridad, lo que creará una impresión inconsciente de cómo se produce la creación. En la tradición mexicana, la energía primordial de la creación, *Centeotl*, también se conoce como Águila negra o *Amomati*, que significa "el estado sin mente".

///

EJERCICIO
ILUMINAR LA OSCURIDAD Y SANAR
EL SER INTERIOR

Este ejercicio básico se realiza para equilibrarse y curarse a uno mismo, no a los demás. En él se toma la luz que se filtra a través del agujero en la parte superior de la cueva para introducirla en los siete *totonalcayos*, mientras se le pide el poder de equilibrarlos en el interior y en los demás. Se debe comenzar en la corona (me refiero al primer sistema de energía).

- *Tecpatl* (pedernal), corona: pídele a la luz que se filtra hacia abajo en la cueva que te permita cambiar la justicia que estás recibiendo y dotarte de poderes curativos. Aquí estás pidiendo sanar los viejos vientos, los patrones kármicos en tu vida y crear algo mejor.

- *Chalchiuhuitl* (jade), frente: pídele a la luz que te brinde la posibilidad de entrar en un estado alterado, mediante la fusión de tu *nahual* y tu *tonal*. Podrás usar este estado para la curación, el rejuvenecimiento y la manifestación, tanto en ti como en tus pacientes (si los tuvieras).

- *Topilli* (cetro), garganta: lleva la luz a tu garganta y pídele que despierte tu poder personal.

- *Xóchitl* (flor), tronco: lleva la luz a tu tronco y pídele el poder para curar a tus antepasados y tus mundos subterráneos, alinearte con el precioso conocimiento, crear desde los cielos y cambiar lo que consideramos real.

- *Pantli* (bandera), ombligo: lleva la luz a tu ombligo y pídele que te permita expresar tu horóscopo de la manera más favorable, y que te permita usar sus regalos en beneficio de los demás.

- *Ihuitl* (pluma), área genital: lleva la luz a tus genitales y pídele que, en lugar de crear dificultades y enfermedades en tu vida y en la vida de los otros, cree algo mejor.

- *Colotl* (escorpión), cóxis: lleva la luz a tu cóxis con el propósito de curar no solo tus patrones ancestrales, sino también los de los demás.

Este proceso se debe repetir al menos cuatro veces. Mientras más poder se desee obtener, más a menudo se deberá practicar. Yo lo he hecho 28 veces en una cueva cerca de Teotihuacán, y planeo seguir haciéndolo en el futuro.

La segunda cueva: *Mahcuilmetztli*

En mi opinión, la segunda cueva es una de las más importantes para los curanderos, pues fortalece las manos. En sus prácticas de sanación, los antiguos mexicanos se ocuparon de la relación entre el cuerpo físico y el Cosmos. México significa "el lugar del ombligo de la Luna", por lo que la relación entre la mano y el ciclo lunar no podía ser ignorada. Esta cueva se conoce como *mahcuilmetztli*, que quiere decir "las cinco Lunas", ya que son cinco las fases lunares y tenemos cinco dedos en cada mano, que se relacionan entre sí de la siguiente manera:

- Luna negra: Ocurre un día antes de la luna nueva. Es la fase lunar más importante porque permite regresar al estado de la nada, *Centeotl* o Águila negra, para crear. Su símbolo es el pulgar.

- Luna creciente: Esta fase permite nutrir lo que se ha creado para que finalmente pueda florecer o manifestarse de una manera hermosa. En otras palabras, permite hacer crecer lo que se quiera en la vida de uno y en la de los pacientes o las personas que se desee ayudar. Su símbolo es el dedo índice.

- Luna llena: Esta fase le proporciona la máxima intensidad a todo lo que se ha creado en las fases anteriores, para que pueda florecer. Obviamente, su símbolo es el dedo más largo de la mano, el del medio.

- Luna menguante: Esta fase permite reducir lo que se ha creado y ya no se desea más, destruir problemas que podrían escalar (desde dolores hasta enfermedades, por ejemplo) y eliminar las emociones problemáticas de la vida de uno y la de los pacientes. Su símbolo es el dedo anular.

- Luna nueva: Esta fase es el momento de comenzar nuevos ciclos. Su símbolo es el dedo meñique.

///

EJERCICIO
CONVOCAR EL PODER DE LA LUNA

Para tener verdaderamente en las manos el poder de la Luna, hay que invocarlo y pedirle apoyo. Para ello, hay que salir durante cada una de las cinco fases de la Luna y usar el dedo correspondiente para invocar su poder:

- En la oscuridad de la Luna, invoca el poder de la luna negra y apunta con el pulgar hacia arriba, pronunciando durante nueve minutos la palabra *xihualhui*, que significa "ven", en náhuatl. Pídele que te permita crear lo que deseas.

- Cuando la Luna entre en la fase creciente, haz lo mismo con el dedo índice y pídele el poder para engrandecer tus creaciones.

- En luna llena, haz lo mismo con el dedo del medio y evoca su poder para hacer que tus peticiones y sanaciones florezcan.

- En luna menguante, repite el proceso con el dedo anular, pidiéndole a la Luna que te permita reducir tus problemas y, si corresponde, los problemas de tus pacientes.

- Finalmente, en luna nueva repite el proceso con el dedo meñique, esta vez pidiéndole a la Luna que cree nuevos ciclos en tu vida y en la de tus pacientes.

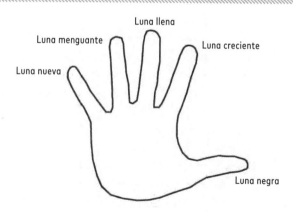

Relación de la Luna con los dedos de la mano

Recuerda que, cuanto más se practique, más se podrá usar el poder de la Luna. También recuerda que, según los antiguos mexicanos, la Luna puede traer tanto fortuna como desgracia.

La tercera cueva: *Tlahtlani*

La tercera cueva es sumamente interesante. Su nombre es *Tlahtlani*, que significa "la cueva de los cuestionamientos".

///

EJERCICIO
CUESTIONAR

En la antigüedad, las personas realizaban este ejercicio en una cueva física para preguntarse por qué seguían el camino del nahualismo. Hoy en día, sin importar dónde uno se encuentre, puede visitar su cueva interior en cualquier momento, simplemente preguntándose:

- "¿Quién soy?", "¿Qué estoy haciendo aquí?", "¿Por qué estoy aprendiendo todo esto?", "¿Por qué quiero convertirme en un sanador?". Estas y otras preguntas similares te pueden traer grandes respuestas.

- Como regla, antes de administrar cualquier tipo de terapia debes ir a tu cueva y preguntar: "¿Por qué hago esto?".

///

He obtenido casi todas las respuestas posibles a esa última pregunta, desde "porque amo a esa persona" hasta "porque quiero un mundo mejor", "porque quiero demostrarme mi poder" y, muchas veces, "porque necesito ganarme la vida". Obtener esa respuesta es vital, porque muestra que posees algo maravilloso: honestidad.

Por supuesto, no puedes revelar estas respuestas. Son solo para ti.

La cuarta cueva: *Mahuiltihtinemi*

Esta cueva es extremadamente significativa, pues no solo ofrece mucho poder, también permite que realicemos cambios significativos en nuestra personalidad. Se llama *mahuiltihtinemi*, que quiere decir "la cueva del juego". Etimológicamente, significa "placer".

¿Por qué eso es importante? Porque es la energía que da placer la que se usa para la curación. Por ejemplo, si la comida, el sexo o la televisión es lo que le da placer a uno, esa es la energía que se debe usar para curar.

///

EJERCICIO
CONVERTIR EL PLACER EN PODER

- Junta tus manos y colócalas en forma de vasija frente a tu centro de energía *ihuitl*, en el área genital.

- Llama al placer que te producen ciertas acciones, por ejemplo, comer, y llévalo a tus manos diciendo *"xihualhui"*.

- Cuando sientas que la energía llega, simplemente levanta las manos hacia tu garganta, donde está el centro de energía *topilli* en tu cuello, y ordena que el placer que tienes se transforme en poder curativo.

- Luego junta ambas manos y repite: *"Ometeotl"*.

- Recomiendo practicar este ejercicio a diario, para transformar el placer en el poder de curarse a sí mismo y a los demás. También se puede realizar para superar las adicciones.

La quinta cueva: *Cemi*

"La cueva de la pluma de la conciencia alterada" es la que permite entrar en (o, como decían los antiguos, beber) el estado de ensoñación o de soñar en la vigilia. Se trata de un estado alterado de la conciencia que permite modificar la realidad, tal como sucede en los sueños lúcidos. Se ingresa a este estado fusionando el *tonal* y el *nahual*.

Hay muchas maneras de pedir el poder para hacerlo. La siguiente técnica es muy simple y se puede realizar en cualquier lugar.

EJERCICIO
ENCONTRAR TU PLUMA

Debería realizarse el día de la luna nueva.

- Escríbele un mensaje a la Luna pidiéndole que te traiga una pluma para soñar despierto.

- Luego quema tu petición y sopla las cenizas a la Luna.

- La próxima pluma que encuentres o que alguien te dé como regalo será del ave que se convertirá en tu aliada y te ayudará a alcanzar el estado alterado de conciencia.

~~~~~~

Este ejercicio se puede practicar muchas veces. Mientras más plumas se obtengan, más aumentará la capacidad de soñar despierto.

Uno de mis maestros me dijo una vez que, si recibía la pluma de un buitre o de cualquier otro pájaro carroñero, sería mucho más poderoso que con la pluma de cualquier otro pájaro. Pensé que sería difícil obtener una de esas plumas porque, ¿quién le daría a uno una pluma de buitre? Más difícil aún sería encontrarla. Sin embargo, la vida me dio una gran lección. Un mes después de haber hecho mi pedido, una alumna de uno de los cursos que he impartido en Italia se me acercó y me dijo: "¡Mira! Tengo un regalo para ti. Lo obtuve de un lugar de poder". Eran siete plumas de buitre. No lo podía creer. Esas plumas dan el poder de transformarse más allá de la muerte.

Sin embargo, la pluma de ave sirve. La que sea, le dará a uno el poder curativo del pájaro con sus cualidades. Sin embargo, hay que encontrársela o recibirla como regalo. No se puede comprar.

Se debe mantener la pluma en el lugar donde se realizan las curaciones. Lo ideal serían dos plumas de la misma especie, o dos de especies diferentes. Con ellas se podrán llevar a los pacientes al estado alterado de conciencia más profundo.

La sexta cueva: *Yohulapa*

Esta cueva de poder es mi favorita. Se llama *yohulapa*, palabra que proviene de "noche", "oscuridad" e "inmensidad".

Ya hemos mencionado que la luz proviene de la oscuridad, que es la parte más profunda de nosotros y la fuerza más poderosa. En la sexta cueva se realiza una alianza con la oscuridad para la curación: hay que abrazar la noche.

EJERCICIO
ABRAZAR LA NOCHE

Este ejercicio se puede practicar en cualquier parte —en un campo, en una cueva, en el jardín de la casa—, siempre y cuando se realice en la oscuridad de la noche.

- Camina en puntas de pie en la oscuridad, durante al menos 18 minutos. Hazlo de la manera más silenciosa que puedas, para que ingreses en una especie de trance.

- Luego, ríndete a la noche y pídele que te dé el poder de curar a otros desde la profunda oscuridad de tu ser interior. Pídele que te capacite para que puedas traer luz de la oscuridad para ti y para los demás.

- Una vez que lo hayas hecho el tiempo suficiente, sentirás de repente que algo te rodea con sus brazos: es la noche, la oscuridad, el inconsciente, la Madre Cósmica, haciendo amistad contigo.

La séptima cueva: *Onolhui*

La séptima cueva de poder se llama *onolhui*, que significa "mover energía en la dirección en la que quieres que vaya".

No expondré ningún ejercicio aquí porque todas las

técnicas que presento en este libro consisten en mover la energía en la dirección que se desee. Este concepto se conoce como teomanía, y se basa en las matemáticas sagradas que dirigen el movimiento. Trataré sobre él en el capítulo siguiente.

Estas son las primeras siete cuevas de poder. A las otras trece se puede acceder solamente a través de sueños lúcidos o estados alterados de conciencia. Pienso escribir sobre ellas en el futuro.

Con los ejercicios presentados en este capítulo se pueden obtener resultados asombrosos basados en los secretos del México antiguo que aquí se revelan. Sean bienvenidos a las cuevas de poder, el poder del ser interior.

Capítulo 4

TEOMANÍA: EJERCICIOS DE RESPIRACIÓN

S i buscas la palabra teomanía en un diccionario de español o náhuatl, la encontrarás traducida como "meditación". Sin embargo, se trata de una mala traducción, pues en realidad significa "mover la energía en armonía con el Universo y sus ciclos para obtener resultados", lo que se hace a través de ejercicios de respiración sincronizados con las matemáticas del Universo.

Aunque hay varios tipos de teomanía, la forma que describiré aquí puede usarse como ejercicio de autosanación. Muchos de mis estudiantes de todas partes del mundo han abandonado sus prácticas espirituales anteriores por ejercicios matemáticos como este. También se puede utilizar como introducción a diferentes tipos de terapia. En ese caso, se debe alternar un ciclo de respiración o "movimiento" con uno de los ejercicios de curación que presento más adelante en este libro.

Como he dicho anteriormente, para los antiguos mexicanos la base de todo cambio era el número 4, por lo que la forma más simple de teomanía consiste en cuatro movimientos.

TEOMANÍA EN CUATRO MOVIMIENTOS

Son ejercicios de autosanación.

Antes de comenzar, recapitularé el significado de algunos números:

- 13 es el número de la cara cambiante del Sol. Por eso es el número de la transformación, la curación y, en última instancia, el florecimiento.

- 8 es el número de lo que está oculto o atrapado en el inconsciente. Es el que genera todo tipo de problemas.

- 52 es el número de un ciclo, del fuego nuevo, del sueño de la renovación permanente.

- 104 es el número de un ciclo cósmico. Se necesitan 104 años para que el Cosmos retorne a la misma posición y comience un nuevo ciclo.

Para trabajar en alineación con el orden cósmico y sus matemáticas sagradas, se debe inhalar por la nariz, según el ritmo de cada cual, mientras se cuenta mentalmente hasta 13 (para absorber el poder curativo y transformador del Sol), y exhalar por la boca, nuevamente siguiendo el ritmo individual, mientras se cuenta mentalmente hasta 8 (para expulsar la energía inconsciente u oculta que está creando los problemas). Inhalar hasta contar 13 y exhalar hasta contar 8 es un ciclo de respiración. Trece ciclos de respiración hacen un movimiento. Cuatro movimientos son 52 respiraciones, número extremadamente importante ya que cada 52 años las tres estrellas del Cinturón de Orión forman una línea perfectamente perpendicular con la Tierra, vistas desde esta, y la constelación de las Pléyades regresa a la misma posición en el Cosmos. Antiguamente, eso daba inicio a un nuevo ciclo, marcado por la celebración del fuego nuevo. Cuando se realizan 52 ciclos de respiración todos los días, se comienza una transformación que concluye cuando se alcanza el fuego nuevo, es decir, una nueva forma de soñar que se reflejará en una nueva manera de vivir.

EJERCICIO
TEOMANÍA EN CUATRO MOVIMIENTOS

Este ejercicio debe realizarse idealmente en la mañana, en posición sentada o acostada, aunque es preferible realizarlo sentado, ya sea en posición de loto o simplemente en una silla, mirando hacia el Este, que es la dirección del Sol.

Primer movimiento
- Cierra los ojos y, mientras cuentas hasta 13, inhala por la nariz el poder curativo y transformador del Sol.

- Después, contando hasta 8, exhala por la boca toda la energía escondida en la cueva que te causa problemas.

- Este proceso se debe repetir 12 veces más hasta completar 13 repeticiones en total. Una forma sencilla de contar el número de respiraciones es con la ayuda de los dedos.

- Cuando hayas terminado, haz una breve pausa y luego di verbal o mentalmente: "*Ce ollin*, primer movimiento".

- En este primer movimiento lo que buscas es colocar la fuerza creativa de tus intenciones en la mente de *Centeotl*, por lo que debes expresar ahora tu intención, diciendo, por ejemplo: "dedico este primer movimiento a establecer la intención de sanar mis emociones y mis relaciones".

- Sé concreto y específico sobre lo que quieres sanar. Para reforzar la efectividad de esta práctica puedes visualizar lo que deseas.

Segundo movimiento
- Una vez que hayas terminado, comienza el segundo movimiento de la misma manera:

- Cuenta hasta 13, inhalando por la nariz el poder curativo y transformador del Sol.

- Cuenta hasta 8, exhalando por la boca toda la energía de tus antepasados que te causa problemas.

- Debes repetir este proceso 13 veces.

- Cuando hayas terminado, haz una breve pausa y luego di: "*Ome ollin*, segundo movimiento. Que la energía del Universo descienda en forma de serpiente".

- Visualiza una serpiente, el símbolo ancestral de la curación, que desciende a través de tu corona y viaja por tu cuerpo, borrando todo el sufrimiento de tus antepasados, así como la energía impresa en tus huesos que causaba los problemas. Espera hasta que sientas que has terminado la tarea.

- Cuando hayas concluido, pisa fuerte con tu pie derecho sobre la Madre Tierra y pídele que absorba esa energía.

- Pisa fuerte una vez más, pidiéndole esta vez a la Madre Tierra que haga algo hermoso con esa energía.

Tercer movimiento

Inmediatamente después, comienza a hacer el tercer movimiento, siguiendo el mismo proceso:

- Cuenta hasta 13, inhalando el poder curativo del Sol.

- Cuenta hasta 8, exhalando todas las emociones negativas atrapadas en tus órganos y todo el daño que pueda haber en ellos.

- Repite este proceso 13 veces.

- Una vez que hayas terminado, haz una breve pausa y di: "*Yei ollin*, tercer movimiento. Que despierte el poder curativo de mi sangre. Que mi sangre se convierta en mi medicina". Permítanme recordarles que *yei* proviene de la palabra *yeztli*, que significa "sangre".

- Visualiza la energía en el torrente sanguíneo que pasa a través de tus órganos, especialmente los que están dañados, curándolos, reparándolos y rejuveneciéndolos. Continúa hasta que sientas que el proceso ha terminado.

Cuarto movimiento

- Cuenta hasta 13, inhalando el poder curativo del Sol.

- Cuenta hasta 8, exhalando tus sueños inconscientes y creaciones pesadas.

- Debes repetir este proceso 13 veces.

- Cuando hayas terminado, di: "*Nahui ollin*, cuarto movimiento. Que pueda armonizar con la Madre Tierra. Que ella me ayude a hacer cambios".

- El siguiente símbolo representa los cuatro movimientos. Dibújalo en la Tierra con tu dedo índice derecho (en esta tradición, la mano derecha es la que proyecta y la izquierda, la que recibe). La Tierra recibirá tu intención y luego se manifestará.

- Cuando hayas terminado, junta las manos y di: "*Ometeotl*", y declara todas tus intenciones.

Representación gráfica de los 4 movimientos

- Espera un momento hasta que sientas que la energía se ha movido y tu propósito se ha cumplido. Luego di una vez más: *"Ometeotl"*.

Al completar estos movimientos, habrás completado un ciclo de 52 basado en las matemáticas de las Pléyades y Orión en cuatro movimientos, y habrás alcanzado el fuego nuevo, que significa nuevos sueños. Un nuevo sueño hace que toda la vida de uno cambie.

Para ello, la teomanía en cuatro movimientos debe realizarse durante 52 días seguidos como ejercicio personal. Opcionalmente, como se mencionó antes, puede usarse junto con las otras prácticas de curación que describo en este libro. En ese caso, los movimientos deben alternarse con las prácticas curativas. Si se desea realizar cambios más sustanciales, puede extenderse esta práctica con la teomanía en ocho movimientos.

//

EJERCICIO
TEOMANÍA EN OCHO MOVIMIENTOS

Completa los cuatro movimientos del ejercicio anterior.

Quinto movimiento

Recuerda que *mahcuilli* (cinco) quiere decir "tomar con los dedos".

- Inhala por la nariz, contando hasta 13, y exhala por la boca, contando hasta 8, como antes, para un ciclo de 13 respiraciones. De ahora en adelante, inhala el poder curativo del Sol con cada respiración y exhala las causas ocultas de los problemas específicos que deseas resolver.

- Una vez que hayas terminado, di: "*Mahcuilli ollin*, quinto movimiento". Piensa en todo lo que le pediste a la Madre Tierra en el cuarto movimiento y apunta a la Tierra con la punta de tus dedos. Mantén las palmas de tus manos de cara a la Tierra y pide, ya sea mentalmente o en voz alta: "que a través de mis dedos reciba la energía de la Tierra y todo su poder curativo y su fuerza".

- Siente el poder de la Madre Tierra alcanzándote a través de tus dedos.

- Una vez que sientas que has recibido suficiente energía de la Tierra para hacer todos los cambios que deseas en tu vida, pasa al siguiente movimiento.

Sexto movimiento
- Nuevamente, realiza un ciclo de respiración 13 veces.

- Da la orden para el sexto movimiento: "*Chicoacen ollin*, sexto movimiento". Vuelve una vez más las palmas de las manos hacia la Tierra y pide, de nuevo, que la energía de la Madre Tierra alcance tus dedos.

- Mantén la palma de la mano izquierda, la que recibe, de cara a la Tierra y, cuando sientas que la Madre Tierra te ha alcanzado, pon la mano derecha, la que proyecta, en la región sacra, para que dirija la energía de la Tierra.

- Ordena a esta energía que suba a tu sacro, tus genitales, tu ombligo, tu pecho, tu garganta, tu frente y tu corona, como si fuera una serpiente retorcida.

- Permite que la serpiente salga por tu cabeza y continúe hasta que llegue al Cosmos. Estás uniendo la energía de la Tierra con la del Cosmos para crear una nueva vida dentro de ti.

- Una vez que hayas terminado, pasa al séptimo movimiento.

Séptimo movimiento
Recuerda que el *chicome* (siete) representa la creación. *Chicome* quiere decir "el poder de las dos energías unidas",

es decir, la vida que se crea a través de la dualidad de los huesos y la sangre. De ahí que sea el número más poderoso de la creación.

- Repite el ciclo de respiración 13 veces. Recuerda inhalar el poder curativo del Sol y exhalar todos los factores ocultos que causan los problemas.

- Una vez que hayas terminado, elige dos cosas que te gustaría crear y dirige todo el poder del séptimo movimiento con las palabras: "*Chicome ollin*, séptimo movimiento". Una vez más, con las palmas de las manos vueltas hacia la Madre Tierra, absorbe toda la energía que necesitas. Cuando lo estés sintiendo, piensa en lo primero que deseas crear, por ejemplo, un trabajo. Entonces junta las manos, pues son el símbolo de la creación, y di: "*Ometeotl. ¿Puedo conseguir el trabajo que deseo? Ometeotl*".

- Separa las manos y, nuevamente con las palmas vueltas hacia la Madre Tierra, solicita su energía.

- Repite este proceso con cada cosa que quieras crear. Estás dirigiendo el poder del séptimo movimiento hacia tus propósitos.

- Si ves que, a medida que pasa el tiempo, tus objetivos se están realizando, puedes pedir otros nuevos.

- Cuando hayas terminado, continúa con el último movimiento.

Octavo movimiento

- Una vez más, inhala contando hasta 13 el poder curativo del Sol y la fuerza del cambio.

- Exhala contando hasta 8 y pide liberarte de todos tus problemas internos y externos.

- Cuando hayas terminado, da la orden para el octavo movimiento:

- *Chicuey ollin*, octavo movimiento. Que todas las cosas correctas lleguen a mi vida en armonía con el flujo de la energía del Universo, y que vengan de todas las direcciones y de mi ser interior.

- Entonces junta las manos y da la orden final:

"*Ometeotl*. Que mis ancestros, mi familia y mi sangre sanen. Que la Tierra me dé su energía. Que el Universo y la Tierra se unan a través de mí. Que lo que yo deseo se manifieste. *Ometeotl*".

- Permite que esa energía fluya y habrás completado la teomanía en ocho movimientos.

Al completar el octavo movimiento, habrás realizado 104 ciclos de respiración. Según los antiguos, al Cosmos le toma 104 años regresar a la misma posición (visto desde la Tierra), después de lo cual comienza un nuevo ciclo cósmico. Idealmente, los ocho movimientos deben realizarse durante 104 días seguidos.

Como se mencionó anteriormente, este ejercicio puede realizarse para la autocuración o como introducción a la curación, incluyendo entre sus movimientos algunas de las prácticas que se ofrecen en este libro para que la teomanía alinee los deseos personales con los ciclos cósmicos y las matemáticas. Podría ser el comienzo de un gran cambio en tu vida.

He estado haciendo el ejercicio 13-8 durante los últimos años. Actualmente estoy en mi cuarto ciclo de este ejercicio y los resultados han sido sorprendentes. Me he curado de muchos problemas físicos, como las miodesopsias, comúnmente conocidas como "flotadores oculares", así como problemas emocionales más profundos y viejos patrones de conducta. Se ha convertido en uno de los ejercicios fundamentales que utilizo para la transformación. Ahora lo practico no solo para manifestar cosas materiales o curaciones, sino también para lograr una transformación espiritual completa. Las energías son reales, puedes sentirlas.

Este ejercicio te puede cambiar la vida.

STEVE GAUTREAU, CANADÁ

Capítulo 5

LA SERPIENTE DE SANGRE

La técnica siguiente se conoce como "la serpiente de sangre", o *yezcoatl*, en náhuatl, y está orientada especialmente a la sanación emocional. Se dice que la serpiente es la mascota favorita de la Luna. Esta última rige sobre las mareas y aguas de nuestro planeta, y nuestra sangre está compuesta principalmente de agua, además de hierro, como la Tierra. Según la antigua tradición mexicana, hay una mezcla de Luna y Tierra dentro de nosotros, es decir, una mezcla del gobernante de los sueños y el gobernante del mundo manifiesto.

El color de la serpiente es de suma importancia. Se cree que, cuando estamos en el vientre materno, soñamos con lo que somos y en lo que nos convertiremos, y la luz que se filtra a través de la piel de nuestra madre tiene un tono rojizo similar al que vemos en las radiografías y ultrasonidos. A medida que crecemos, lo olvidamos, pero nuestro inconsciente no lo olvida, por lo que asocia el tono rojo con los sueños que tuvimos en el vientre de nuestra madre.

Además, nacemos a través del canal de nacimiento materno y emergemos cubiertos de sangre. Así es nuestro primer despertar a la vida, viniendo de un mundo donde nuestro *nahual* gobernaba nuestros sueños a uno donde nuestro *tonal* gobierna nuestro estado de vigilia.

Para nuestro inconsciente o cueva, la sangre es el contacto principal entre esos dos estados de conciencia, de modo que, cuando activamos el poder de nuestra sangre creamos un vínculo muy poderoso entre nuestros sueños y nuestra realidad.

La siguiente técnica se conoce como la serpiente de sangre, o *yezcoatl*, en náhuatl, y su función principal es curar las emociones.

Según los antiguos mexicanos, las siguientes emociones se acumulan en los siguientes órganos:

• Hígado: Rabia

• Riñones: Miedo y culpa

• Estómago: Traumas que no hemos podido superar

• Pulmones: Tristeza y melancolía

Estas ideas se parecen a las de la medicina tradicional china.

El siguiente ejercicio lleva el poder sagrado de la sangre

a todos esos órganos. Es una de las formas más efectivas que conozco para curar las emociones.

///

EJERCICIO
LA SERPIENTE DE SANGRE

Puedes realizar esta técnica de manera independiente o como parte de la teomanía (recuerda que el tercer movimiento está relacionado con la sangre). Puedes practicarla de pie, sentado o recostado. Si estás sentado o de pie, hazlo mirando hacia el Oeste. La puedes realizar de manera personal, dando las instrucciones en primera persona, o dirigida a alguien más, dando las instrucciones en tercera persona.

- Inhala por la nariz contando hasta 7, e inmediatamente exhala por la boca contando hasta 7. Eso completa un ciclo.

- Haz siete ciclos y completarás el primer movimiento.

- Indica tus intenciones con las palabras:

"*Ce ollin*, primer movimiento. A través de mi respiración puedo acceder al poder sagrado de mi sangre, que es el contacto entre *tonal* y *nahual*, y activar su poder curativo, que se convertirá en la medicina dentro de mí. De ahora en adelante, mi sangre será mi propia medicina".

- A continuación, realiza otro ciclo de siete respiraciones similares a las primeras, y al terminar da las instrucciones sobre el segundo movimiento:

"*Ome ollin*, segundo movimiento. Entro cada vez más profundo en mi interior y despierto con más fuerza el poder curativo de mi sangre, la medicina de mi interior".

- Realiza un tercer ciclo de siete respiraciones, y al terminar da las instrucciones para el tercer movimiento:

"*Yei ollin*, tercer movimiento. Voy más y más profundo en mi interior. Entro a mi cueva y accedo a las habilidades de curación de mis ancestros a través del poder de mi sangre".

- Realiza un cuarto y último ciclo de respiraciones basadas en el número 7, y al terminar da las instrucciones:

"*Nahui ollin*, cuarto movimiento. He alcanzado el número sagrado 28, que es el de la Luna, y con él activaré el poder del inconsciente de mi propia sangre y reuniré el poder de los mundos despiertos y dormidos, el consciente y el inconsciente, para realizar esta sanación".

- En este punto, pide al poder de la Luna y al poder de la Tierra que entren en tu cuerpo, diciendo:

"*Metztli* (Luna) y *Tonantzin* (Tierra). *Xihualhui, xihualhui* (que significa 'ven', en náhuatl antiguo)".

- Visualiza a la Luna bajando a través de tu coronilla, y a la Tierra subiendo a través de tus pies, y a sus energías uniéndose en tu corazón, donde dan origen a *yezcoatl*, la serpiente de sangre. (La serpiente es un símbolo de sanación en la mayoría de las culturas antiguas). En esa ensoñación, visualiza cómo la serpiente *yezcoatl* recorre tu interior a través del flujo sanguíneo, sanando, reparando y rejuveneciendo a medida que avanza.

• En primer lugar, llévala al hígado. Ordénale a la serpiente que digiera toda la rabia y los daños hepáticos que se han acumulado allí durante el curso de tu vida. Visualiza cómo la serpiente se retuerce durante varios minutos en tu hígado y lo limpia y purifica.

• Posteriormente, lleva su poder sagrado a los riñones, para sanar cualquier daño renal y digerir los miedos y culpas de tu vida. Pasea a la serpiente de sangre por tus riñones durante unos minutos.

• Lleva entonces el poder de la serpiente de sangre al estómago. Haz que digiera todos los traumas que no has podido superar en la vida, así como cualquier tipo de daño físico que tengas en el estómago. Visualiza la serpiente allí por varios minutos, sanando y reparando el estómago y tus emociones.

• Finalmente, lleva el poder sagrado de la serpiente de sangre a los pulmones. Aquí puedes visualizar cómo se desliza una sola serpiente a través de ambos pulmones, o cómo se divide en dos para que cada una vaya a un pulmón. Haz que digieran y curen la melancolía y la tristeza durante unos minutos.

• Si padeces alguna enfermedad en particular, por ejemplo, artritis en la rodilla, puedes llevar la serpiente de sangre hacia esa área, o cualquier zona dañada de tu cuerpo, y decirle que digiera y cure las emociones que produjeron el problema.

- Al finalizar, junta las manos frente a tu pecho y di:

"*Ometeotl*. Que mi hígado libere toda la ira y sane. Que mis riñones liberen todo temor y culpa y sanen. Que mis pulmones superen toda la tristeza y sanen. Que mi estómago supere todos los traumas y sane. Y así sucesivamente con el resto de los órganos que has curado. *Ometeotl*".

- Por último, abre los ojos a la cuenta de cuatro. (Si estás realizando este ejercicio como parte de la primera teomanía, omite este paso y continúa con los ciclos de respiración basados en 13 y 8 que te llevarán al siguiente movimiento).

Esta es una de las terapias de sanación emocional más fuertes que conozco, como dan fe algunos testimonios de personas de diferentes partes del mundo que la han aprendido conmigo.

Desde que comencé este trabajo puedo decir que me he curado de muchas maneras, pero el primer paso fue curar mis emociones. Llevaba mucha energía pesada que había acumulado durante años por mi adicción a las drogas, el desempleo y el condicionamiento social que los acompañaba.

Me sentía incómodo en mi propia piel. Siendo honesto conmigo mismo, creo que de alguna manera era adicto a mi propio sufrimiento y estaba atrapado en la red de mi propia historia. Después de comenzar este trabajo, sentí que el peso de mis emociones destructivas, principalmente mis miedos, se levantaban y se disolvían. Mi relación conmigo mismo y con los demás, especialmente con mi familia, mejoró significativamente. También encontré la confianza para volver al gimnasio, cosa que no había hecho en años. Eso me hizo muy feliz y también me dio más energía.

Conforme profundizaba en el trabajo, vi cómo se producía en mí una transformación milagrosa y descubrí que era un verdadero guerrero. El amor por mi persona y mis pasiones en la vida quedaron restaurados. Comencé a pintar de nuevo con una energía que nunca había sentido. Unos meses más tarde, estaba en Berlín participando en una exposición colectiva. Ahora soy un artista autónomo y un practicante diario del arte del nahualismo, y me hallo camino a convertirme en un terapeuta profesional y un sanador.

IWAN AP HUW MORGAN, GALES

Capítulo 6

LAS OCHO BANDAS DE PODER

Otra de las técnicas con las que logré resultados asombrosos en los primeros pacientes que traté, así como luego con muchísimos otros a quienes se las he enseñado, son las llamadas ocho bandas de poder.

La técnica de las ocho bandas de poder es la manera en que los sabios herederos del conocimiento del México antiguo representaban la transformación de la energía primigenia o *Centeotl* en un ser humano. Al conocer este camino y aplicarlo de manera práctica, se han producido resultados asombrosos.

Según los sabios ancianos del México antiguo, *Centeotl* (la energía primordial) requirió de 13 pasos para transformarse en plantas, animales y otras formas de vida en *Tlalticpac*, que es el lugar donde vivimos, nuestro mundo físico. Ellos llamaron a estos pasos los 13 cielos, y veremos algunos de ellos con más detalle más adelante (ver capítulo 13). Sin embargo, *Centeotl* solo necesitó ocho pasos o bandas de poder para transformarse en seres humanos.

Como se recordará, el número 8 se relaciona con lo que está oculto. Si comparamos las ocho bandas con las capas de una cebolla, *Centeotl* sería la capa externa, y la interna seríamos nosotros. Por eso el ciclo 13-8 de los ejercicios de teomanía (ver capítulo 4) representa la relación exacta entre el Cosmos y el ser humano.

Los antiguos mexicanos se dieron cuenta de que, al aplicar este conocimiento de manera práctica, podían obtener resultados sorprendentes.

LAS OCHO BANDAS DE PODER SON:

La octava banda: *Centeotl*
Es la energía primaria de la que todo emana. Los antiguos mexicanos también la llamaron *Amomati*, que quiere decir "sin mente", o *Itzcuauhtli*, que quiere decir "águila de obsidiana".

Como *Centeotl* es la energía de donde proviene todo y a donde todo regresa, para propósitos de curación tenemos que hacer que el problema regrese a *Centeotl* para que pueda transformarse una vez más en energía primaria y desaparezca de nuestra vida o de la vida de nuestro paciente.

La séptima banda: *Ometeotl*
En esta banda, la energía de *Centeotl* se activa con la intención de crear algo que se manifestará en la materia.

¿Cómo fue activada la energía primigenia inicialmente? No se sabe a ciencia cierta. Lo que sí se sabe es que podemos seguir estimulándola, mediante nuestros sueños, pensamientos y acciones, para así seguir creando.

Se dice que esa energía primigenia es *Ometeotl,* que para muchos es un dios, pero para mí es la fuerza creativa en acción. Hay una frase que los antiguos mexicanos utilizaban: "El que no crea que perezca", *Ometeotl.*

La sexta banda: Geometrías de la luz
Cuando se activa la energía primigenia, su primera manifestación es en forma de geometrías de luz. Según los antiguos mexicanos, existían cuatro figuras geométricas básicas:

- El triángulo, que representa los sueños y el elemento fuego

- El círculo, que representa los viejos vientos de nuestros antepasados que se perpetúan a través de nuestras creaciones, así como el viento físico, el elemento del aire

- La media luna, que representa las emociones que creamos y el elemento agua

- El cuadrado, que simboliza a la Tierra que da vida a todo el sistema

Representación gráfica de los 4 movimientos

Este orden geométrico se manifestará primero en nuestros sueños (triángulo). Si no soñamos lúcidamente (y la mayoría de las personas no lo hace), se repiten los patrones de nuestros antepasados (círculo) creando emociones (media luna) que los convertirán en materia (cuadrado).

La quinta banda: La esfera luminosa

Todas esas formas geométricas se manifestarán a través de nuestra esfera luminosa o aura, que está formada por los cuatro cuerpos de energía descritos en el capítulo 1: *ihiyotl*, *teyolia*, *tonal* y *nahual*.

La cuarta banda: El molde

Dentro de la esfera luminosa, se crea un molde de lo que existirá en la materia física, el cual definirá su forma.

Las personas que han desarrollado la percepción extrasensorial pueden ver el molde con facilidad. Este delimita la forma de la materia física que contiene en su interior. Quienes lo pueden ver, saben que las áreas en que está equilibrado tienen color azul o violeta, y las áreas desequilibradas son de color amarillento, anaranjado o rojizo. Algunas personas comparan este molde con lo que hoy conocemos como el cuerpo etérico.

La tercera banda: La materia física

Consiste en la materia física, exactamente como la percibimos.

La segunda banda: Los cuatro elementos

Esta banda consiste en la energía de los cuatro elementos que componen la materia física: aire, agua, fuego y tierra. Por supuesto, si están desequilibrados crearán problemas.

Por ejemplo, si el fuego no está equilibrado, creará hinchazones y, en mayor grado, tumores. Si el agua no está equilibrada, generará problemas emocionales o incluso enfermedades de la sangre. Si el aire está fuera de equilibrio, creará problemas respiratorios y patrones de vida repetitivos. Si es la tierra la desequilibrada, creará degeneración de órganos, envejecimiento y mala salud, así como dificultades para ganarse la vida.

La primera banda: *Tonantzin* o Madre Tierra

La primera banda consiste en la energía de la Madre Tierra que mantiene unido a todo el sistema.

SANACIÓN CON LAS OCHO BANDAS DE PODER

Una vez que conocemos este sistema, podemos utilizarlo con fines de sanación. Al usar la técnica que presento a continuación, mis clientes han podido curar enfermedades que a menudo se han considerado incurables. Muchos han logrado borrar cicatrices de toda la vida; otros han perdido peso de una manera sorprendente, sin cambiar la dieta. Uno de los casos más sorprendentes fue el de una persona que más tarde trabajó conmigo en México durante varios años. Se lastimó la mano en un accidente y los médicos declararon que nunca más podría moverla, ya que los huesos estaban demasiado dañados. Sin embargo, practicando la siguiente técnica pudo regenerar algunos de los huesos en un mes.

//

EJERCICIO
LAS OCHO BANDAS DE PODER

Preparación

- Siéntate cómodamente con los ojos cerrados. (Si lo estás realizando en otra persona, pídele que lo haga).

- Comienza con los ciclos de respiración o teomanía, para inducir un estado alterado de conciencia. (Si estás sanando a alguien más, deben realizar los ciclos juntos). Inhala por la nariz, contando del 1 al 13 y extrayendo todo el poder curativo del Sol, y exhala por la boca, contando del 1 al 8 y expulsando toda la energía que crea el problema. Este es un ciclo, 13 ciclos forman un movimiento.

- Cuando termines el primer movimiento, declara tu intención, que puede ser, por ejemplo, curar la hipertensión o la depresión. Puedes decirlo en silencio o en voz alta, pero si estás curando a otra persona es mejor hacerlo en voz alta.

- Completa un segundo movimiento 13-8.

- Si te estás curando a ti mismo, cuando hayas terminado comienza el proceso terapéutico (Paso 1, a continuación). Si estás sanando a otra persona, pídele que se relaje y permita que las cosas que digas pasen a su energía.

Paso 1:

- Visualiza el problema en el área de tu frente, tu *chalchiu-huitl* (jade) *chakra*, donde tiene lugar la unión entre el *tonal* y el *nahual*, los cuerpos despiertos y soñadores. Si el problema es visible, será fácil visualizarlo; si no es visible, todo lo que visualices será correcto, incluso si es una abstracción como una nube negra o un monstruo.

- Comienza a trabajar con la primera banda, que es *Tonan-tzin*, la Madre Tierra. Visualizando el problema, inhala por la nariz mientras mueves la cabeza hacia la izquierda.

- Luego exhala por la boca mientras mueves la cabeza hacia la derecha.

- Realiza este proceso cuatro veces y pídele (verbal o mentalmente) a la Madre Tierra que retire la energía que sostenía el problema o la enfermedad, ya sea tuya o de tu paciente.

- Espera hasta que sientas que se ha realizado.

Paso 2

- Luego trabaja con la segunda banda, los cuatro elementos. Sin perder la visualización que tienes del problema, repite el mismo ciclo de respiración: inhala por la nariz y mueve la cabeza hacia la izquierda, y exhala por la boca y mueve la cabeza hacia la derecha cuatro veces.

- Pídele a los cuatro elementos desequilibrados que causan el problema que abandonen tu cuerpo o el de tu paciente y regresen armoniosamente a la Madre Tierra.

- Espera un momento hasta que sientas que se ha realizado.

Paso 3

- Haz lo mismo con la tercera banda, la materia física. Sin embargo, cuando realices el ciclo de respiración de izquierda a derecha (nuevamente completa el ciclo de cuatro respiraciones), visualiza cómo la imagen del problema se convierte en polvo o energía y ordena que el problema desaparezca de tu vida.

Paso 4

- Repite el ciclo de cuatro respiraciones y visualiza cómo la energía amarilla, roja o anaranjada que está en desequilibrio rodeando al área que estás sanando, se despeja y se limpia con tus respiraciones.

Paso 5

- Repite el ciclo de cuatro respiraciones y da la orden de que toda la energía discordante (contenida en los campos energéticos de *ihiyotl, teyolia, tonal* y *nahual*) se elimine para que el problema desaparezca.

Paso 6

- Visualiza en tu *chalchiuhuitl* las cuatro formas geométricas que crean el problema: triángulo, círculo, media luna y cuadrado.

- De nuevo haz el ciclo de cuatro respiraciones, esta vez visualizando cómo estas cuatro formas geométricas desaparecen de tu frente.

- Luego ordena que el sueño, la herencia ancestral y las emociones que crearon el problema, sean disipados de ti o de tu paciente.

- Espera un momento hasta que sientas que has cumplido totalmente tu objetivo.

Paso 7

- Ahora visualiza un símbolo para el *Ometeotl*, la energía creadora que dio origen al problema. Yo utilizo la imagen de la serpiente de dos cabezas.

- Repite el ciclo de cuatro respiraciones mientras visualizas la desaparición de la serpiente y ordenas que la energía creadora que generó el problema desaparezca.

- Espera un momento hasta que sientas que el problema se ha disipado.

La serpiente de dos cabezas

- Con tu intención, regresa a *Centeotl*, la energía primigenia, y da la orden de que el problema se convierta en nada, en un estado sin mente; es decir, que regrese al origen como si nunca hubiera existido. Junta tus manos y di:
  "*Ometeotl*. Que el problema desaparezca, vuelva a la energía primaria, al estado sin sentido, como si nunca hubiera existido".

- Si estás sanando a otra persona, al terminar este proceso, indica a tu paciente que abra los ojos cuando cuentes hasta cuatro, momento en que su problema habrá vuelto a la energía primigenia.

Se puede repetir este proceso tantas veces como sea necesario. Algunas personas lo han repetido una o dos veces al día durante un mes o más, hasta que han alcanzado sus metas. Cuando se cura a alguien más, se puede insertar en cualquiera de los movimientos de la teomanía (ver capítulo 4). Por ejemplo, se puede insertar en el segundo o cuarto movimiento, e incluir otras técnicas para llevar a cabo un proceso de curación completo. Cuando se están tratando varias enfermedades al mismo tiempo, se debe trabajar con cada una por separado. Los problemas emocionales se pueden tratar de la misma manera.

El siguiente testimonio se refiere a las técnicas de teomanía (ver capítulo 4), ocho bandas de poder (inicio de este capítulo), *Coatlicue* (ver capítulo 7) y cirugía psíquica (ver capítulo 8):

> *Unos meses antes de conocer a Sergio en su primer taller en Ashland, Oregon, mi esposo, Pat, se estaba recuperando bien de una cirugía de derivación vascular cuádruple a corazón abierto. Sin embargo, en el hospital contrajo una infección bacteriana que no respondía a los antibióticos y los médicos le recomendaron una segunda cirugía para aliviar los síntomas.*
>
> *Cuando llegó al taller de Sergio, la piel de Pat empezaba a ponerse grisácea y apenas tenía energía, pero solo le tomó una sesión eliminar la infección. Pat dice que no*

recuerda los detalles de la sesión, pues a medida que su energía cambiaba su cuerpo vibraba y se rindió completamente al proceso.

Fue una alegría ver la expresión del doctor cuando Pat fue a su examen de seguimiento. Se había recuperado completamente sin medicamentos ni cirugía.

Pat pronto cumplirá 79 años. Su corazón está sano, su cuerpo es fuerte y juega tenis cuatro veces a la semana.

LORI HENRIKSEN, OREGON, ESTADOS UNIDOS

Capítulo 7
COATLICUE: MUERTE Y VIDA ESPIRITUAL

O tra de las técnicas que ha contribuido a muchas de las transformaciones que he presenciado, tanto en mis pacientes como en mis alumnos, y que ha ido mucho más allá de lo que consideramos posible, es la llamada vida y muerte espiritual.

LA SAGRADA LUZ NEGRA

El primer contacto que tuve con esta sabiduría tan alejada de la espiritualidad actual —tenemos a la luz por positiva y a la oscuridad por negativa— ocurrió hace muchos años, después de un sueño lúcido. En mi sueño, Popocatépetl, la montaña más sagrada de México, me ordenó ir a los Andes para aprender a trabajar con las montañas mexicanas. Después de tener el mismo sueño varias veces, decidí ir y, como narré en mi libro anterior, *El secreto tolteca*, encontré una tradición de belleza extraordinaria, que honraba genuinamente a las montañas. Entre las enseñanzas más valiosas que encontré en el Perú se encuentra lo que en quechua se llamaba *Wilkan'usta*, que quiere decir "la sagrada luz negra". Se cree que aquellos que pueden manejarla tienen control sobre la vida y la muerte.

Sin ninguna otra información al respecto, cuando regresé a México tuve un paciente llamado Leonardo que tenía un tumor en la silla turca (*sella turcica*), la depresión en el cráneo que alberga la glándula pituitaria, que le hizo perder primero la vista y, después, el equilibrio. Los doctores lo habían desahuciado e indicado que hiciera su testamento. Su primo Ricardo, que era amigo mío, me pidió que lo tratara y comencé a experimentar con el uso de la luz negra sagrada para exorcizar la fuerza de la muerte en su tumor. Le enseñé a invocarla y, con cierto escepticismo, comenzó a hacerlo. Al cabo de dos meses recuperó el equilibrio, y unos meses más tarde, la vista. Los médicos no podían explicar cómo había sucedido, pero el tumor se había reducido, liberando la presión que ejercía sobre el nervio óptico. Tampoco conocían la razón por la que había recuperado sus facultades y, en definitiva, su vida, pues ahora podía volver a trabajar.

Investigué si existía algo similar a la luz negra sagrada en la antigua tradición mexicana y descubrí el *Tezcatlipoca* negro. Se trata de la fuerza que gobierna la cueva, el inconsciente y el mundo de los sueños y los muertos, y se cree que puede tomar todo de uno y darnos todo también. Además descubrí que *Coatlicue* (la diosa con falda de serpientes de la cual he hablado antes) se corresponde con *Wilkan'usta*, que es la que da vida y muerte, y encontré una técnica basada en *Coatlicue* que permite realizar la vida y muerte espiritual, la cual he estado enseñando en mis cursos durante los últimos años.

Coatlicue

A simple vista, esta imagen parece la de una diosa que tiene una sola cabeza, pero en realidad su cabeza está formada por dos serpientes encontradas que simbolizan la vida y la muerte, que se encuentran siempre unidas. La vida comienza donde la muerte termina y la muerte comienza donde termina la vida, en un ciclo eterno de creación y destrucción. De hecho, en el México actual a los gemelos se les dice cuates, ya que parecen uno, pero son dos, como *Coatlicue*.

VIDA Y MUERTE

En la cosmología de los antiguos mexicanos, la materia física siempre estaba conectada con el espíritu o la energía, pues sabían que había dos tipos posibles de muerte: la física y la espiritual:

- La muerte física
  Es cuando la materia muere y el espíritu o la energía que la sustentó es expulsado. Esta es nuestra idea habitual de la muerte y es lo que buscamos cuando administramos quimioterapia: matar a todas y cada una de las células cancerosas.

- La muerte espiritual
  Consiste en expulsar el espíritu o la energía de algo en forma de materia, como un tumor o un virus. La materia que la formó también es expulsada.

  Nuestros antepasados también sabían que había dos formas diferentes para crear vida: de manera física o de manera espiritual.

- La vida física
  La vida se crea más comúnmente cuando un espermatozoide fertiliza a un óvulo y esa unión atrae a un espíritu o energía.

- La vida espiritual
  Lo contrario ocurre cuando se evoca la energía de una vibración y da vida a la materia.

Esos son los fundamentos en los que se basa la técnica de la vida y la muerte espiritual, según los atributos de *Coatlicue* y tal como los he estado enseñado en mis cursos durante los últimos años. El objetivo de esta técnica es acabar con el espíritu o la energía que da vida a un problema o a una enfermedad y, a la inversa, crear la energía que impulsará la vida hacia la curación o la recuperación en el plano físico.

///

EJERCICIO
COATLICUE, MUERTE Y VIDA ESPIRITUAL

Esta técnica se basa en uno de los mayores legados de la cultura mexihca: la diosa *Coatlicue*. El lado izquierdo del cuerpo humano representa la vida, y el lado derecho, la muerte.

Antes de explicar el procedimiento en detalle, me gustaría describir la técnica:

- Primero, tomamos en nuestra mano izquierda, que es la mano de la vida, toda la energía o el espíritu que alimenta una dolencia o una enfermedad.

- Luego juntamos nuestras manos como *Coatlicue*, para representar a la serpiente de la vida y la muerte.

- Entonces, usando nuestros brazos como puente, hacemos que esa energía o espíritu cruce al lado derecho, que representa el *Mictlan* o el mundo de los muertos, y le pedimos a nuestros antepasados o a los antepasados de nuestro paciente que vengan y tomen esa energía y nos den el sueño que curará la enfermedad.

- Finalmente, hacemos que ese sueño se traslade al mundo de los vivos para realizar la curación.

Describiré el proceso como si estuviera sanando a otra persona, pero puedes realizarlo de la misma manera para sanarte a ti mismo.

Preparación
- Coloca a tu paciente de manera que el área a sanar quede orientada hacia ti.

- Asegúrate de orientarte hacia el Norte geográfico de tu paciente, ya que los antiguos pobladores de México creían que el pasado y los infiernos que crearon los problemas residían en el Norte y, por lo tanto, se debe expulsar la enfermedad en esa dirección. (Si te estás curando a ti mismo, simplemente oriéntate hacia el Norte para poder desarraigar cualquier energía negativa que venga de esa dirección).

- Indícale a tu paciente que inhale contigo por la nariz, mientras cuentas del 1 al 9. Recuerda que el número 9 está asociado con el inconsciente, la cueva y los inframundos que crean los problemas.

- Luego exhalen los dos por la boca y cuenten una vez más del 1 al 9.

- Esto es un ciclo; nueve ciclos componen un movimiento. Sugiero que realices al menos dos movimientos antes de comenzar la sanación.

- Al final del primer movimiento, di algo como:

"*Ce ollin*, primer movimiento. A través del ritmo de tu respiración entramos en tu parte interna, tu cueva, tu inconsciente, para llevar a cabo la sanación desde las raíces de tu ser".

- Al final del segundo movimiento, di algo como:

"*Ome ollin*, segundo movimiento. Ahora profundizamos para sanar tu linaje, desde tus antepasados hasta tu vida actual. Realizaremos esta curación en el Norte, así sucederá más fácilmente".

- Continúa con los movimientos tercero y cuarto, si lo deseas.

- Uno de los principales objetivos que se busca al respirar de esta manera es que tanto el paciente como el terapeuta entren en un estado alterado de conciencia para eliminar cualquier paradigma mental sobre lo que es posible y lo que no, y por tanto permitir que se realice la curación, que tiene lugar en los sueños, donde todo es posible.

Paso 1

- Colócate de frente a tu paciente. Extiende tu mano izquierda sobre el área afectada y comienza a dibujar la energía, el espíritu del problema y el legado ancestral que causó el problema en tu mano, diciendo: *"xihualhui"*, que significa "ven", en náhuatl.

- Continúa llamando a la energía que ha mantenido vivo el problema. Necesitas sentirla llegar a tu mano izquierda. Sigue tu intuición sobre por cuánto tiempo debes extraer esa energía. Algunos curanderos han tardado media hora en reunirla.

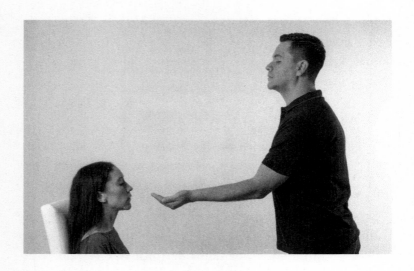

Paso 2

- Una vez que sientas que toda la energía está en tu mano izquierda, arráncala del cuerpo del paciente y levanta la mano.

- Ahora llama a *Coatlicue*, en la forma de la serpiente que mata los problemas, con la firme intención de matar al espíritu del problema, y repite la palabra *"xihualhui"* cuatro veces. Inmediatamente sentirás que la energía llega a tu brazo izquierdo.

Paso 3

- Pon las manos frente a ti, exactamente como se muestra en la ilustración de *Coatlicue*. Una representa la vida y la otra la muerte.

- Ahora, con suavidad y facilidad, haz que toda la energía que tenías en la mano izquierda cruce hacia la derecha, con la firme y clara intención de traer la muerte al espíritu del problema.

- Una vez que toda la energía está en tu mano derecha, separa las manos y levanta tu brazo derecho.

- Convoca a los antepasados de tu paciente repitiendo *"xihualhui"* cuatro veces. Ellos llevarán la energía de la enfermedad al *Mictlan*, la tierra de los muertos, donde ya no podrá dañar al paciente. Cuando la energía o el espíritu haya sido expulsado, la mentalidad que le dio origen también se irá y la enfermedad física la seguirá.

Paso 4
- Ahora convoca el sueño de sanación a tu mano derecha, repitiendo *"xihualhui"* cuatro veces, y agrega:

"Le pido al sueño de curar [el área afectada] que venga a mí".

- Sentirás que te alcanza una energía especial. Llama entonces a *Coatlicue* en la forma de la energía dadora de vida para revivir el sueño de sanación, y una vez más repite cuatro veces: *"xihualhui"*.

- Mantén tus manos juntas, exactamente como en el paso tres, y realiza el proceso a la inversa. Ahora estás haciendo que el sueño de sanación que tienes en tu mano derecha cruce del mundo de los sueños y los muertos a tu mano izquierda y el mundo de los vivos. Crúzalo completamente sin hacer ningún tipo de presión física.

Paso 5

- Una vez que sientas que toda la energía ha cruzado hacia el lado izquierdo, levanta tu brazo como hiciste antes y dale la bienvenida al sueño en el mundo de los vivos, pronunciando algunas palabras o con el pensamiento.

- Muy sutilmente, pídele a tu paciente que acepte la sanación.

Paso 6

- Ahora pon tu mano izquierda en el área afectada para transmitir la curación. Mantén al mismo tiempo la firme intención de que estás dando vida espiritual a la sanación, y ordena: "Vive, vive".

- Una vez que sientas que le has transmitido toda la energía curativa al paciente, retira la mano.

- Luego junta las manos y di:

"*Ometeotl*, traigo la muerte espiritual [al problema] y traigo la vida espiritual a su sanación. *Ometeotl*".

Paso 7

- Si esta es la única práctica de curación que estás llevando a cabo, pídele a tu paciente que abra los ojos y cuente hasta cuatro en perfecto estado de salud. Si lo realizas como parte de uno de los movimientos de teomanía, continúa con los ciclos de respiración y con la siguiente práctica.

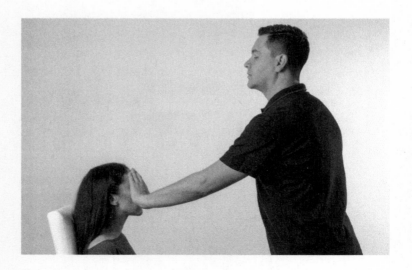

Este proceso puede repetirse tantas veces como sea necesario, pero no más de una vez por semana. Yo encuentro una belleza extraordinaria en esta técnica. Dar vida a un sueño es lo que nuestros antepasados llamaron milagro.

Se puede realizar exactamente el mismo proceso con uno mismo. Basta con orientar el cuerpo hacia el Norte para poder expulsar cualquier energía negativa que llegue desde allí.

Hace algunos años comencé a asistir a los talleres de Sergio en la Ciudad de México. Indudablemente, todos ellos fueron muy esclarecedores y útiles. Sin embargo, cuando tomé el camino andino fue que entendí la importancia de ese vínculo especial con las fuerzas de la naturaleza y el Universo, debido a la importancia del principio de reciprocidad para la sanación.

Unos días más tarde, mi hermano, un cirujano de mediana edad que trabajaba en uno de los hospitales más famosos de México, se infectó con hepatitis C tras realizar una cirugía. Poco tiempo después sufrió un grave daño hepático y su salud se deterioró. Los médicos probaron todos los tratamientos y drogas, pero nada funcionó y fue declarado enfermo terminal.

Desesperada, le pregunté si podía usar con él una de las técnicas de Sergio, la Coatlicue. *¡Pueden imaginar la mirada en la cara de ese médico! Sin embargo, como no tenía nada que perder, accedió.*

Fue estresante porque no había lugar para el error. De alguna manera, encontré el coraje para empezar. Me tomó casi dos horas completar el proceso y, para entonces, mi hermano ya estaba dormido. Tomé eso como una buena señal.

Al día siguiente, cuando fui a ver cómo estaba, me dijo que había tenido una noche terrible con un dolor punzante en el hígado, como si se hubiera sometido a una cirugía real. Pensó que había empeorado, pero el dolor comenzó a disminuir y finalmente se durmió.

Estaba decidida a curarlo, así que le dije que tenía que repetir el proceso tantas veces como fuera necesario. Para su sorpresa, a la tercera vez empezó a sentirse mejor. Regresó al hospital para que sus colegas le hicieran algunas pruebas de sangre y de hígado. Cuando vieron los resultados, lo llamaron para repetirle las pruebas, pues pensaron que había habido un error. La segunda vez los médicos aún no lo podían creer: sus niveles de triglicéridos habían bajado de 500 mg a 150 mg en casi dos semanas, el tamaño de su hígado había vuelto a la normalidad y su superficie era bastante suave.

A los dos meses se había recuperado por completo. Volvió a trabajar en el hospital que lo había abandonado y enviado a casa para que muriera.

Creo que esta técnica me permitió llevar la muerte al espíritu de la enfermedad y la vida al hígado de mi hermano.

Teresa del Valle, México

Capítulo 8

CIRUGÍA PSÍQUICA

Otra técnica que ha demostrado ser muy exitosa es la cirugía psíquica o cirugía en el plano astral. Los sanadores de medicina holística de México la practican mucho, y es muy similar a las concepciones de algunas religiones africanas, donde la energía se transfiere de un individuo u órgano a un objeto. En Perú, el daño se transfiere al conejillo de Indias.

Desde que comencé a trabajar con esta técnica, he obtenido resultados sorprendentes en casos de diabetes, fracturas de huesos y problemas de visión, entre otras enfermedades. Esos resultados, así como los que obtuvieron mis alumnos, superaron mis expectativas y rompieron mis paradigmas sobre lo que es posible y lo que no. Tengo que concluir que no se trata de fe, sino de una técnica perfectamente refinada que puede producir resultados asombrosos, incluso en personas que no creen en ella, incluido el terapeuta.

Para realizar una operación astral (o cirugía psíquica) necesitamos los siguientes instrumentos:

- Una punta de obsidiana
La obsidiana es una de las piedras más sagradas del México antiguo porque es la piedra del *Tezcatlipoca* negro, el señor del Norte, la tierra de los muertos y la tierra de los sueños. Debido a que la obsidiana proviene de la lava del interior de la Tierra, es perfecta para trabajar con los infiernos que están ocultos dentro de nosotros. Ninguna energía pesada puede escapar de la obsidiana, por lo que es la mejor piedra para curarse. Usamos la punta de obsidiana como bisturí para abrir el campo energético y para darle muerte al problema.

- Una mezcla que se seque rápidamente
En la antigüedad se utilizaba arcilla en la forma de un rectángulo, lo que coincide con la creencia de que estamos formados del elemento Tierra, pero en la actualidad utilizo plastilina, que es más práctica y fácil de manejar.

- Cuatro pequeñas piedras de obsidiana, jade o cuarzo blanco
Como sabemos, para completar un movimiento, debemos realizar cuatro series, por lo que también necesitamos cuatro piedras pequeñas de obsidiana, jade o cuarzo

blanco, en dependencia del tipo de cirugía que vayamos a realizar.

La obsidiana contiene la luz negra sagrada, que es la fuerza magnética, como la llamaban los antiguos, capaz de absorber toda la energía negativa de nuestra cueva. Por lo tanto, utilizaremos las piedras de obsidiana para todas aquellas enfermedades en las que exista una fuerza de sobretensión que provoque hinchazones, tumores (benignos o malignos), dolor, malformaciones corporales, etcétera.

Usaremos el jade o el cuarzo blanco cuando la dolencia sea el resultado de una falta de energía, y cuando sea necesario regenerar el área, como por ejemplo en las insuficiencias orgánicas, el hipotiroidismo, la regeneración de huesos y ligamentos, etcétera.

EJERCICIO
REALIZACIÓN DE CIRUGÍA PSÍQUICA

Describiré el proceso como si estuviera sanando a otra persona, pero se puede realizar de igual manera para sanarse uno mismo.

Preparación

• Sienta a tu paciente y colócate en el Norte geográfico con respecto a él. Por ejemplo, si vas a hacer una operación de ojos, sus ojos deben quedar frente a ti, y si es de columna, debe darte la espalda.

• Indica a tu paciente que inhale por la nariz junto contigo, mientras cuentas del 1 al 9. Recuerda que el número 9 está asociado con el inconsciente, la cueva y los inframundos que crearon el problema. Luego, ambos deben exhalar por la boca, contando una vez más del 1 al 9. Esto es un ciclo; nueve ciclos componen un movimiento.

• Realiza al menos dos movimientos antes de iniciar la curación.

• Después del primer movimiento, puedes hacer sugerencias al paciente. Por ejemplo:

Ce ollin, primer movimiento. A través del ritmo de nuestra respiración entramos en tu interior, en tu cueva, tu inconsciente, para llevar a cabo la curación desde las raíces de tu ser.

- Después del segundo movimiento, puedes hacer una sugerencia similar, y así sucesivamente. Puedes realizar hasta cuatro movimientos.

- Toma la punta de obsidiana con la mano izquierda y abre el campo energético del paciente a una distancia de aproximadamente 1 a 2 centímetros (media pulgada) sobre el área que vas a operar. Por ejemplo, si vas a realizar una cirugía ocular, haz la apertura en esa área. La apertura se hará muy cerca del cuerpo, pero no es necesario tocarlo.

- Si lo que vas a operar es algo que se ha extendido por todo el cuerpo y no tiene una ubicación específica, haz la apertura en el plexo solar o el esternón. Asegúrate de hacer la apertura con la mano izquierda y de mantenerla abierta con dos dedos de la mano derecha.

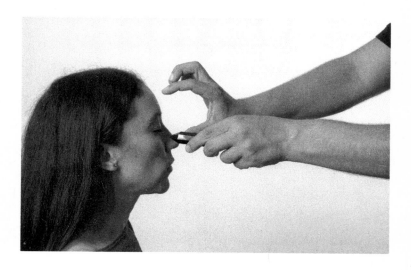

- Ahora toma el rectángulo de plastilina en tu mano izquierda. Es muy importante que hagas esto con tu mano izquierda para que el proceso no fracase. Recuerda que la mano izquierda siempre recibe energía mientras que la mano derecha la proyecta.

- Mientras sostienes la plastilina con la mano izquierda, con la punta de los dedos siente la temperatura de la energía que se proyecta desde la apertura. Si sientes que está caliente, tendrás que enfriarla durante el proceso. Si sientes que está fría, tendrás que calentarla antes de terminar el proceso.

- Comienza a invocar hacia la plastilina al espíritu de la energía que ha sostenido la enfermedad. Lo suelo invocar diciendo: *"xihualhui"*, pero puedes hacerlo en tu idioma nativo si lo deseas. Las lenguas antiguas, sin embargo, tienen un poder especial.

- Continúa invocando la energía de la enfermedad y dile al paciente, con tono dominante:

"Dame la enfermedad. Ya no te sirve de nada. Ya has aprendido la lección que quería que aprendieras".

- Cuando la energía negativa comience a entrar en la plastilina, dile al paciente:

"Dame los patrones destructivos que crearon la enfermedad. Dame los obstáculos que no se han resuelto. Dame las emociones que lo crearon, la ira, la depresión, la tristeza y todas las creencias que la generaron".

- Asegúrate de que el paciente esté relajado para que pueda liberar toda la energía negativa.

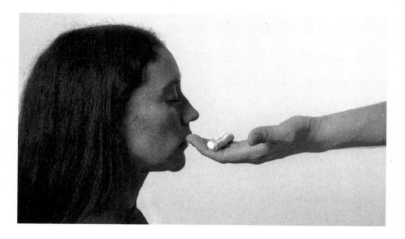

- Sigue extrayendo la energía negativa y repitiendo las palabras hasta que sientas con la punta de los dedos que la temperatura de la energía ha cambiado.

- Ahora has terminado de extraer la energía, pero todavía hay un *mahui* que cuidar, una cadena de energía que une el área afectada con la plastilina.

- Toma la punta de obsidiana, corta ese enlace y mueve el punto entre la plastilina y el área afectada mientras dices la palabra "kuepa", que quiere decir "voltear algo al revés". Mantén la intención de que toda la energía de la

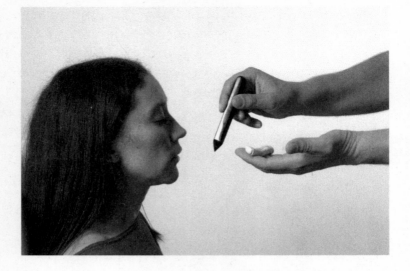

enfermedad abandone el cuerpo del paciente y se trans-
fiera a la plastilina.

• En este momento vas a cerrar el campo energético. Cierra
la apertura que mantenías abierta con la mano derecha
y visualiza una aguja con un hilo, con la que cerrarás el
campo energético como si estuvieras cosiendo. Como ya
has transferido toda la energía negativa a la plastilina o la
arcilla, no continuará el proceso en el cuerpo del paciente.

• Toma la plastilina en tu mano izquierda y asegúrate de
que sea lo suficientemente larga para que puedas hacer
cuatro incisiones con la punta de obsidiana.

• Toma la punta en tu mano derecha y di: *"Tecpatl, xihualhui"*. Estás pidiendo el poder del pedernal, el cuchillo de
la justicia, para que llegue a tu mano derecha.

- Con la firme convicción de que resuelves el problema, haz cuatro incisiones en la plastilina y di:

"Miquilztli" (que quiere decir 'muriendo'), seguido del nombre del problema. Por ejemplo: "Cataratas muriendo" o "Fallo renal muriendo". Al final, tendrás cuatro agujeros.

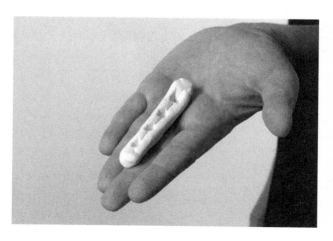

- Muévete ahora hacia el Sur, que en la tradición tolteca representa el futuro y es donde se encuentra la fuerza de voluntad del guerrero. Está regido por *Huitzilopochtli*, que significa "colibrí volando a la izquierda". Uno de sus muchos otros nombres es *Tetzahuitl*, que significa "señor de los augurios". Usa cualquiera de esos nombres y pídele que envíe una sanación mientras sostienes las cuatro piedras en tu mano izquierda y dices: *"Xihualhui, xihualhui"*. Siente cómo llega la energía.

- Toma la plastilina con la mano izquierda, coloca la primera piedra en el primer orificio y di al paciente:

"El primer movimiento de tu sanación".

- Luego coloca la segunda piedra en el segundo agujero y di:

"El segundo movimiento de tu sanación".

- Continúa así hasta que las cuatro piedras estén en su lugar.

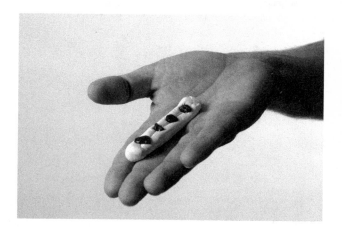

- Ahora muévete hacia el Este, que es la dirección de la luz, el lugar de donde provienen las cosas más beneficiosas. Sostén tu trabajo en tus manos y di:

"*Ometeotl*. Que [el problema] se resuelva y la sanación tenga lugar".

- Al final, puedes entregar tu trabajo al paciente para que lo entierre, o puedes enterrarlo tú mismo, para que la Madre Tierra continúe la sanación. Si lo entierras en una montaña o en un lugar sagrado, la sanación será más poderosa, pero bastará con que lo entierres en una maceta.

- He obtenido los resultados más sorprendentes con esta forma de cirugía y todos pueden hacerlo. Si el paciente

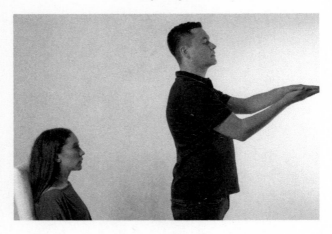

no ha mejorado en un mes, se puede repetir el proceso tantas veces como sea necesario.

~~~~~~

También se puede realizar este procedimiento en uno mismo, exactamente de la misma manera. Cuando se extrae el problema, las manos deben dirigirse hacia el Norte, y al cerrar y darle muerte al problema en el Norte hay que desplazarse hacia el Sur para pedir la curación. Después, al Este para ordenarla y, al final, uno mismo entierra su propia operación astral.

En 2001 sufrí múltiples lesiones neurológicas en la cabeza y en el cuello cuando, mientras reparaban el techo de mi casa en Florida, los techadores dejaron caer una teja que me cayó encima. Entre las lesiones persistentes que sufrí se encontraba daño en el nervio occipital, un dolor punzante en el brazo derecho que llegaba hasta el centro de la palma de la mano y falta de sensibilidad en el lado derecho de la cara. El diagnóstico fue daño permanente.

En la primavera de 2014 me ofrecí de voluntaria en la primera clase de sanación que tomé con Sergio. Cuando me senté en un taburete de espaldas a la clase, recuerdo que Sergio me dijo que me soltara. Finalmente me dejé ir y sentí un aire fresco que salía de la parte inferior de mi cráneo. Mientras continuaba con la curación, sentí pequeñas descargas eléctricas desde las yemas de los dedos de la mano derecha hasta el lado derecho de la cara. Era como si ese lado de mi cuerpo estuviera despertando. Me corrían lágrimas de alegría por las mejillas, lo que no era normal en mí. Recuperé la sensibilidad en el lado derecho de la cara y no tenía dolores punzantes.

Fui al médico varios meses después y me dijo que ya no tenía daño permanente y que mis nervios funcionaban de manera normal. Ya no tomo medicamentos para el dolor y he recuperado la sensibilidad en la cara, el brazo y la mano, y los puedo usar perfectamente.

SARAH MOHR, ESTADOS UNIDOS

. . .

Cuando salimos de la clase de "Cirugía Psíquica" de Sergio, mi hermano me dijo: "Siempre es bueno saber sobre estos temas, pero honestamente no creo que podamos aplicarlos a nada útil". Nos despedimos con un beso. Él tenía un partido de fútbol al día siguiente.

Después del partido, me llamó para decirme que se había roto el ligamento cruzado anterior de la rodilla iz-

quierda. Ni siquiera podía pararse, mucho menos conducir. Me apresuré a llevarlo al hospital, pero de repente dijo: "¿Por qué no vamos a tu casa y me operas como Sergio nos enseñó ayer?".

Por supuesto que le dije que estaba loco y que no podía tratar algo tan serio con una técnica que nunca habíamos usado. Sin embargo, insistió. Al final pensé para mis adentros: "Bueno, no importará si llegamos al hospital una hora más tarde, de todos modos será programado para una cirugía".

Saqué mis notas y seguí las instrucciones de Sergio. Durante el proceso, mi hermano me dijo que sentía el mismo dolor que cuando se había sometido a cirugías "reales". Después se quedó dormido durante aproximadamente dos horas y, cuando se despertó, dijo: "El dolor se ha ido". Se recuperó completamente en dos días.

Podría pensarse que, después de todo, no se había roto el ligamento, pero ya le había pasado varias veces y estaba bastante familiarizado con ese dolor y con el dolor postoperatorio.

En otra ocasión estaba en un lugar remoto en la costa de Amalfi, en Italia, con la familia de mi esposo, cuando Marilena, la hija de mi cuñada, que tenía ocho meses de embarazo, sufrió una hemorragia severa. Todos nos asustamos. Me acerqué a ella y le pedí permiso para probar un método de curación poco convencional hasta que llegara la ayuda. Estuvo de acuerdo y comencé a hacer lo primero que se me ocurrió: coser el cuello del útero y reparar la placenta para que el bebé no naciera prematuramente. Poco después, la hemorragia comenzó a disminuir y en 15 minutos se había detenido por completo. Cuando llegaron los pa-

ramédicos, Marilena ya podía ponerse de pie y caminar. Y, al llegar al hospital, el médico que la examinó dijo que parecía que alguien le había suturado el cuello uterino y que no podía explicar cómo se había detenido la hemorragia.

He realizado muchas cirugías psíquicas menores y actualmente estoy ayudando a una amiga en Milán que tiene cáncer de mama.

La distancia no es obstáculo. Tenemos un gran poder interior y Sergio me ha enseñado que este no tiene límites.

LORELLA LEONETTI, MADRID, ESPAÑA

Capítulo 9

ITZMITL: LA PUNTA DE
FLECHA DE OBSIDIANA

Ahora me referiré a una técnica de curación que permite dejar atrás todas las cargas de la vida. Es una de las más efectivas que conozco. Implica abrir las puertas de la percepción, recordar el pasado y curarlo. Se parece a la acupuntura, pero se realiza de una manera diferente.

Como se trata de un proceso bastante exigente, solo lo llevo a cabo cuando hago peregrinaciones en México, acompañado por personas de todo el mundo, o al final de alguno de los cursos de capacitación que imparto allí. Voy a describir el ritual original, pero se puede realizar de manera más suave, gradual, y paso a paso. El ritual original se realiza en una cueva y, según el modo antiguo, se necesita la punta de una flecha de obsidiana y espinas de maguey. Se trata de un proceso que incluye recapitulación, apertura de la percepción y sanación de nuestro pasado, similar a la acupuntura, pero realizado de manera diferente.

LOS PUNTOS DE PRESIÓN

Describiré primero los puntos de presión en la cara y en el cuello con los que trabajaban los antiguos mexicanos:

1. El punto de todas las heridas de nuestra vida: alrededor de un centímetro (media pulgada) sobre las cejas, en el centro de la frente, donde otras tradiciones ubican el tercer ojo.
2. El punto de todo lo que nos hemos negado a ver (en realidad hay dos de ellos): los huecos en cada sien (se pueden sentir más fácilmente cuando se abre la boca). En esta técnica solo trabajamos con la sien derecha, que abre las puertas a la percepción extrasensorial.
3. El punto de todo lo que nos hemos negado a escuchar, incluida la voz de nuestro ser interior: en el lóbulo de la oreja derecha.
4. El punto de la cueva o el inconsciente, el *Tezcatlipoca* negro o el enemigo interno: en el pómulo derecho. Como el *Tezcatlipoca* negro puede darlo o quitarlo todo, el propósito de trabajar con este punto en el pómulo es transformar a *Yaotl*, que significa "el enemigo", uno de sus muchos nombres, en Nezahualpilli, que quiere decir "el que supera sus debilidades", otro de sus nombres.
5. El punto de todas las palabras irreflexivas que hemos dicho: en el centro de la barbilla, justo debajo del labio inferior.
6. El punto del fracaso y la falta de poder: en el cuello, en la manzana de Adán.

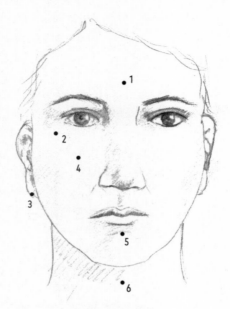

Puntos de presión

EJERCICIO
LA PUNTA DE FLECHA DE OBSIDIANA Y LA ESPINA DE MAGUEY

Antiguamente, este ejercicio se realizaba en una cueva, que era el equivalente al inconsciente. Sin embargo, también se puede practicar en casa, en la oscuridad.

Se necesita algo para aplicar presión en los puntos mencionados anteriormente. La obsidiana ha demostrado ser la mejor piedra para trabajar con el inconsciente, así que lo más recomendable es utilizar una punta de flecha de obsidiana, si se puede. Si no, recomiendo utilizar una piedra con propiedades similares. Para practicar el ritual original también se necesitará una espina de la planta de maguey, *Agave americana*.

Espina de maguey (izquierda) y punta de obsidiana (derecha)

Punto 1: Todas las heridas de tu vida

- Presiona fuertemente sobre este punto, aunque cause dolor, a medida que recapitulas los eventos dolorosos de tu vida. Trata de lidiar con los eventos más destacados como la muerte, la tragedia, el rechazo, la enfermedad, etcétera.

- Aumenta la presión que estás aplicando, ya que el propósito de este ejercicio es reemplazar la emoción que produjo el acontecimiento con una más fuerte, como el dolor penetrante de la punta de flecha de obsidiana.

- A medida que aumenta la presión, llegará el momento en que tu cuerpo cree un efecto anestésico natural. Cuando eso suceda, da la instrucción:

"Justo cuando mi cuerpo ha anestesiado de manera natural el dolor de la punta de flecha de obsidiana, ordeno a todas esas cosas de mi pasado que dejen de lastimarme. De ahora en adelante, el peor dolor que habré sufrido será el infringido por la punta de flecha de obsidiana".

- En el ritual original, nos pinchamos con la espina de maguey en este punto, mientras pedimos a la cueva la sanación y le ofrecemos nuestra valentía de guerreros a cambio.

Punto 2: Todo lo que te has negado a ver

- Presiona con fuerza sobre tu sien con la punta de flecha de obsidiana y piensa en todo lo que no has querido ver en tu vida, cosas que temías o momentos que no aceptabas, como reconocer que alguien no te amaba o que la muerte se acercaba. Piensa en todas estas cuestiones a medida que presionas este punto.

- Nuevamente llegará el momento en que tu cuerpo creará un efecto anestésico. Cuando eso suceda, di:

"Ya no tengo miedo de mirar nada. Puedo enfrentar cualquier cosa con la valentía del guerrero".

- Pide que se abran las puertas de tu percepción extrasensorial y que puedas mirar lo que está más allá sin miedo.

- En el ritual original, nos pinchamos con la espina de maguey cuando pedimos que las puertas de la percepción se abran, demostrando la valentía del guerrero.

Punto 3: Todo lo que te has negado a escuchar

- Aplica presión en el punto del lóbulo de la oreja derecha, colocando el pulgar detrás del lóbulo y la punta de flecha de obsidiana en la parte de adelante.

- Al presionar sobre este punto, recapitula todas las veces en que te has negado a escuchar, tal vez la verdad sobre un diagnóstico, los sentimientos de alguien hacia ti, la pequeña y silenciosa voz interior, el sonido del silencio o la voz de tu conciencia.

- Una vez que tu cuerpo haya creado el efecto anestésico, di:

"Que pueda escuchar con valentía, la valentía del guerrero. Que todas las cosas que me he negado a escuchar dejen de lastimarme. Que pueda escuchar mi *nahual*, mi espíritu y el sonido del silencio".

- En el ritual original, nos pinchamos el lóbulo de la oreja derecha con la espina de maguey y pedimos a la cueva que nos permita escuchar a nuestro espíritu y a nuestro *nahual*, y ofrecer nuestra valentía a cambio.

Punto 4: El inconsciente, el enemigo interior

- Al aplicar presión con la punta de flecha de obsidiana en el punto que se encuentra en el pómulo derecho, piensa en todas las veces que te has saboteado, boicoteado o defraudado, todos los momentos en que tus fuerzas autodestructivas internas han sido más fuertes que las constructivas.

- Nuevamente, a medida que recapitulas, aplica presión hasta que se cree el efecto anestésico y, en ese momento, di:

"He vencido al enemigo interior y ahora se ha convertido en mi amigo, ya que he superado la oscuridad".

- En el ritual original, este es el momento en que pinchamos nuestro pómulo derecho con la espina y le pedimos a la cueva que nos ayude a vencer a nuestro enemigo interior todos los días.

Punto 5: Todas las palabras irreflexivas que has dicho

- Aplica presión en el punto justo debajo de tu labio inferior.

- Al hacerlo, piensa en todas las veces en que has tenido pensamientos negativos sobre los demás y sobre ti mismo, y en todas las palabras irreflexivas que has dicho.

- Una vez que sientas el efecto anestésico, di:

"Que todas las palabras negativas que he dicho, ya sea sobre mí o sobre otros, dejen de tener efecto. Que dejen de existir".

- En el ritual original, pinchamos este punto con la espina de maguey y pedimos que todas las palabras que digamos a partir de ese momento estén llenas de sabiduría.

Punto 6: Todos tus fracasos y falta de poder

- Presiona el sexto punto, ubicado justo frente a tu manzana de Adán, sujetando la piel entre el pulgar y la punta de flecha de obsidiana.

- Presiona este punto con fuerza, con intensidad, mientras piensas en todos los fracasos de tu vida profesional o personal, como tal vez la adicción o la pérdida. Recapitula todas las veces que sientes que has fallado a medida que aplicas una presión cada vez más fuerte en este punto.

- Una vez que sientas el efecto anestésico, di:

"Que todos mis fracasos dejen de causarme dolor".

- En el ritual original, pinchamos este punto con la espina de maguey para transformar la energía de nuestros fracasos y pérdidas en la energía de un guerrero que puede hacer frente a cualquier cosa, sobre todo a ellos mismos.

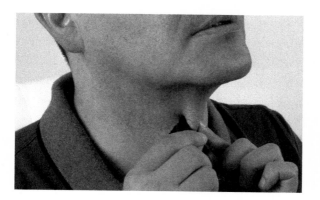

Si estuviéramos realizando este ritual dentro de una cueva, ahora iríamos a la parte más oscura y usaríamos nuestra visión periférica para observar el mundo de la energía, así como los seres energéticos que nuestros antepasados pudieron ver. A muchos se los tenía por dioses. Más de cinco siglos después, mis alumnos y yo hemos podido verlos de nuevo.

Tuve dudas sobre si debería incluir esta técnica en el libro. Es uno de los rituales más sagrados de nuestros antiguos pueblos, en particular de los guerreros águila y serpiente. Pero ha llegado el momento de que toda nuestra sabiduría y conocimiento regresen, así que, después de todo, la he incluido. Espero que se use sabiamente.

Fue un proceso increíble. Al presionar la punta de flecha de obsidiana, se me adormeció el área antes de que perforara la piel con la espina de agave. Pude liberar la energía pesada, relacionada con las cosas que me habían contado en mi infancia, las palabras hirientes que me había dicho a mí mismo y a los demás, y los fracasos de mi vida. Dejé mi mente en blanco y estuve listo para perdonarme y emprender un nuevo camino de iluminación. Me di cuenta de que era más fuerte incluso de lo que había imaginado.

Al terminar el ejercicio, nos dirigimos a una zona oscura de la cueva, donde estuvimos trabajando. Cuando me senté en silencio, comencé a darme cuenta de que podía ver la energía bruta de la cueva. Había destellos de luz blanca por todas partes. Entonces vi la energía del hombre de la cueva [un espíritu guardián].

El siguiente cuerpo energético que vi fue el del coyote con plumas [guardián del nahualismo y las cuevas de poder], que caminaba frente a mí. Como reconocí su presencia, se me acercó, me envolvió el cuello con sus patas delanteras y nos abrazamos. ¡Eso fue increíble!

RICK MAURMANN, OREGÓN, ESTADOS UNIDOS

Segunda parte
REJUVENECIMIENTO

Capítulo 10

SÍMBOLOS DESDE LA
TIERRA DE LOS SUEÑOS

Después de algunos años de explorar el mundo de la sanación a través de las técnicas ancestrales y el uso de la energía, y de haber roto en mi mente muchos de los paradigmas de lo posible y lo imposible, sentí la necesidad de ir más allá. La siguiente meta fue el rejuvenecimiento.

¿Por qué decidí explorar esa área? Porque la mayoría de las personas que toman el camino espiritual han escuchado historias de yoguis que tienen cientos de años, y de maestros ocultos que han dejado de envejecer por completo. En el nahualismo mexicano también hay historias así y quería demostrar que eran ciertas.

SÍMBOLOS PARA EL REJUVENECIMIENTO

Al principio encontré teorías sobre el rejuvenecimiento, pero ninguna recomendación práctica, así que hice una investigación sobre el tema y una vez más utilicé el estado de sueño lúcido para averiguar cómo hacerlo. Fue entonces cuando se me mostraron algunos símbolos:

No tenía idea de lo que querían decir, pero llegaron directamente del *Mictlan*, la tierra de los sueños y los muertos, así que se los ofrecí a mis alumnos como técnica de rejuvenecimiento, sin saber si realmente funcionaban. Como en ese momento era muy joven, no experimenté conmigo mismo.

Después, muchos de mis estudiantes perdieron sus dolores y molestias, se restablecieron de enfermedades y recuperaron el color original del cabello con solo dibujar los símbolos con intención en las etiquetas del champú, la loción hidratante, los vasos de agua potable, o directamente en las áreas afectadas. Comprobé así con mis propios ojos que era posible revertir el envejecimiento en personas que conocía.

Pero eso solo ocurrió en un 20 por ciento de las personas que lo practicaron, aunque más o menos el 80 por ciento obtuvo curaciones sorprendentes. Aun así, mis alumnos me habían demostrado que el rejuvenecimiento era posible mediante el uso de símbolos. Realicé otros estudios que me revelaron las antiguas técnicas que compartiré aquí y que han demostrado ser efectivas con mucha gente.

Xóchitl: La flor

Uno de los métodos que encontré ha tenido resultados sorprendentes en todo el mundo. Se basa en el uso de la flor que los antiguos mexicanos utilizaban como metáfora del Universo.

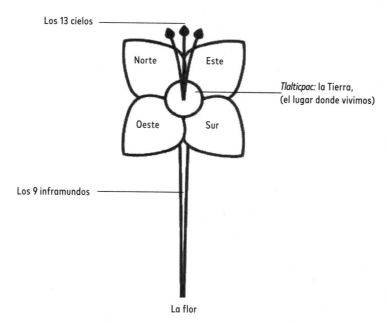

La flor

LAS PARTES DE LA FLOR

- El centro de la flor se llama *Tlalticpac* y representa el lugar donde vivimos, nuestra realidad material. Cuando se trata de técnicas de curación y rejuvenecimiento, *Tlalticpac* es nuestro cuerpo físico, el lugar donde reside nuestro espíritu.

- El pétalo del Norte es el *Mictlan*, la tierra de los muertos y los antepasados. Se creía que todas nuestras influencias ancestrales, que ahora llamamos genética, se encuentran en el norte de nuestro campo energético. Ahí es donde debemos hacer modificaciones para rejuvenecer y sanar.

- El pétalo del Oeste se llama *Cihuatlampa*, y es el lugar de las energías femeninas. Su principal característica es que ahí reside el lugar del rejuvenecimiento. Desafortunadamente, debido a nuestras creencias y paradigmas colectivos, estamos programados para envejecer cada día. Necesitamos ejecutar un programa diferente para volvernos más jóvenes y saludables.

- El pétalo del Sur, *Huitzlampa*, es el lugar del colibrí, que muchos consideran un ave extraordinaria porque puede hacer cosas que están fuera del alcance de otras aves, como volar hacia atrás y flotar en el aire. En este pétalo podemos programarnos para hacer cosas que otros consideran imposibles, como rejuvenecer. También podemos eliminar las espinas en nuestro camino, es decir, el estrés y la preocupación que nos hacen envejecer más rápidamente. Aquí aprendemos a resolver todas nuestras dificultades, ya que es el lugar de las aguas que gobiernan nuestras emociones. Curar la ira, la tristeza, el miedo y la culpa es una parte vital del rejuvenecimiento.

- El pétalo del Este es *Tlauhcopa*, el lugar de la luz y el conocimiento precioso. Es aquí donde nos alineamos con nuestro magnífico destino de iluminación.

- Los estambres de la flor son los 13 cielos, que representan los 13 pasos necesarios para transformar la energía primordial en materia (ver capítulo 13).

- Los 13 cielos reconfiguran el programa que ejecutamos para que seamos más sanos y podamos regenerarnos órgano por órgano y célula por célula.

- El tallo y las raíces son la cueva, el inconsciente, los infiernos donde nuestra mente está atrapada. Hay muchos programas y patrones aquí que debemos cambiar para rejuvenecer:

  ◊ Todos los patrones destructivos y repetitivos que experimentamos, por ejemplo, una relación que no funciona, un mal trabajo, una adicción, entre otros

  ◊ Los obstáculos que impiden que nuestro cuerpo se mueva a otra realidad: la pereza, la falta de disciplina o el miedo al cambio, que nos impiden obtener resultados y alcanzar nuestras metas

◊ Las creencias o paradigmas (médicos, sociales o religiosos) que nos impiden curarnos o rejuvenecer

◊ Nuestra herencia ancestral

◊ Nuestras emociones destructivas

◊ Nuestra incapacidad de tener sueños lúcidos (nuestros sueños pueden ser la causa de nuestro envejecimiento, pero con este ejercicio podemos cambiar la forma en que soñamos)

◊ La parte profunda dentro de nosotros que cree que las reglas del mundo material son la única realidad (necesitamos abandonar esa creencia y entrar en un mundo más flexible donde podamos manifestar lo que queremos)

EJERCICIO
LA FLOR

Este ejercicio aborda las siguientes áreas: cura del cuerpo, modificación genética, cambio de creencias, eliminación de los problemas, alineación con el destino, obtención de conocimiento, reconfiguración de paradigmas mentales y sanación de los mundos inferiores.

La postura

• Coloca tu pie izquierdo detrás de ti y extiende tus brazos hacia arriba. Estos representan los estambres de la flor. Tu cuerpo es el centro de la flor, y tu campo energético está formado por los cuatro pétalos.

• Ahora une los dos pies. Energéticamente, has asumido la postura de la flor.

Hace poco hice un viaje a Egipto y allí vi la misma postura, pero en alguien que llevaba el Universo. Me encantó descubrir la similitud con la postura de la flor, ya que el propósito de la flor es sincronizarnos con el movimiento del Universo. Los antiguos mexicanos creían que la única realidad que existía era *ollin* ("movimiento"). Tolteca, proviene de la palabra *tolli* ("medida"), por lo que esta palabra quiere decir "aquellos que conocen la medida del movimiento del Cosmos".

Girando

- Gira hacia la izquierda durante 18 minutos.

El propósito de girar es ejecutar un movimiento geométrico repetitivo que te sincronice con la medida y el movimiento del Universo, para que luego puedas ordenarle a
esa energía que te rejuvenezca y te cure.

Se gira hacia la izquierda porque es la dirección opuesta a la
forma en que se mueve el tiempo. ¿Por qué 18 minutos? Porque en el México antiguo las personas dividían el tiempo de
manera diferente. Cada día constaba de 20 fracciones, y cada
fracción, de 72 minutos. La suma da las 24 horas de nuestro
tiempo moderno. Además, como he dicho, todo el antiguo
sistema mexicano estaba basado en el número 4. La cuarta
parte de 72 minutos son 18 minutos, que es un tiempo suficientemente largo para hacer cambios.

- Mientras giras, expresa mental o verbalmente todas tus
  intenciones. Aborda tus problemas, tus adicciones o tus
  dificultades emocionales, y di:

"Mis 13 cielos me están rejuveneciendo. Estoy reparando
todos mis órganos, uno por uno [menciónalos uno por uno].
Estoy curando todas mis enfermedades. Me estoy alineando
con un conocimiento precioso. Me estoy rejuveneciendo y
me veo más joven cada día. Estoy devolviendo a mi cabello
gris su color original [si lo deseas]. Estoy perdiendo peso [si
lo deseas]. Estoy curando mis emociones. Estoy cambiando
la ira por el perdón, la tristeza por la felicidad, el miedo por
la certeza. Estoy más feliz cada día. Ordeno que desaparez-

can todos los obstáculos de mi camino. Estoy sanando mis antepasados. Estoy sanando mi herencia genética. Me estoy alejando de los patrones destructivos. Estoy eliminando la pereza, el miedo y la falta de disciplina. Estoy cambiando mis creencias y me estoy liberando de cualquier limitación mental. Tengo sueños lúcidos y puedo rejuvenecer a través de ellos. Me curo y rejuvenezco".

- Da estas órdenes clara y firmemente. No tiene sentido girar si no das las órdenes con autoridad. Repítelas durante 18 minutos.

- Una vez que hayas completado el ciclo de 18 minutos, detente suavemente y mantén la misma posición.

- Pídele a la *tolli*, que es la medida y el movimiento del Universo, que venga a ti, diciendo:

"**Xihualhi**. Recibe esta energía a través de tus brazos, que actúan como los estambres de la flor".

- Ordénale que te sane y rejuvenezca, y di:

"**Ometeotl**. [Menciona una vez más tus necesidades personales]. *Ometeotl*".

- Repite este proceso durante al menos 52 días.

Es necesario recordar que, según los antiguos mexicanos, el número 52 está conectado con la alineación perfecta del Cinturón de Orión, evento que tiene lugar cada 52 años. Por lo tanto, este número trae un nuevo ciclo o sueño, el fuego nuevo, un cuerpo que rejuvenece y sana.

. . .

Mi esposo Noel y yo hemos hecho tres ciclos de giros, y seguimos asombrados con los resultados. Además de la calma que hemos ganado con esta meditación, Noel está recuperando su cabello, el mío ha comenzado a volver a su rojo original, y los dos hemos reducido drásticamente nuestras arrugas.

Los lugares donde la cabeza de Noel estaba completamente calva, ahora tienen pelo que brota por todos lados. Un día mi joven sobrina, que estaba de visita, se subió al sofá para mirar la cabeza de Noel. Cuando él le preguntó qué estaba haciendo, ella respondió: "Viendo crecer tu cabello".

En ese momento, ninguno de los dos habíamos hablado con nadie sobre los cambios que estábamos experimentando. En el trabajo, uno de mis colegas, que no me había visto en un año, comentó cuánto le gustaba mi nuevo color de cabello. Solo había estado usando las técnicas que Sergio nos había enseñado. El cambio más dramático se produjo hace un mes, después de mi tercer ciclo de giros: el dolor de cadera que había tenido durante diez años disminuyó significativamente.

Todavía nos sorprende cómo una antigua práctica de rejuvenecimiento tolteca, realizada durante 18 minutos al

día, nos ha permitido transformar nuestros cuerpos y nues-
tras vidas.

MAXINE TEZCACOATL Y NOEL OLLINACATL, CANADÁ

. . .

Me diagnosticaron artritis reumatoide en 2009, y la enfer-
medad de Lyme en 2010. Después de varios ensayos con
medicamentos muy agresivos como metotrexato, hidroxiclo-
roquina y sulfasalazina, los marcadores de inflamación en
mi cuerpo no mejoraban; de hecho, habían empeorado. Me
dieron esteroides y medicamentos opioides. El pronóstico
era horrible y deprimente.

Por esa época conocí en Londres a Sergio Magaña Oce-
locoyotl y leí su primer libro, El amanecer del Sexto Sol.
Sentí que la información era lógica, simple y poderosa, así
que empecé a hacer los ejercicios todos los días. Bueno, la
mayoría de los días, pues había veces en que no me sentía
lo suficientemente bien. A pesar de mi falta de disciplina,
mi salud general mejoró. Pude dejar los analgésicos opioi-
des y los esteroides, me sentí viva y, lo más importante, otra
vez esperanzada. También encontré médicos con un enfo-
que diferente sobre la enfermedad de Lyme, que pudieron
ayudarme aún más.

Sergio regresó a Londres aproximadamente medio año
después para enseñar ejercicios de rejuvenecimiento. La
clase fue muy interesante pero intensa y, para mí, un poco
agotadora, así que decidí continuar con el ejercicio más
fácil, el de los giros. Practiqué sola en casa todos los días.

Un par de semanas después, visité a mi familia en

Hungría y decidí hablar sobre mis experiencias. Mi audiencia me pidió que practicara los giros con ellas, así que los hicimos juntas unas veinte señoras. ¡Fue una sensación increíble! También tuve una gran respuesta de las participantes.

Cuando llegué a casa, visité a mi reumatólogo y me hice el análisis periódico de sangre. Unas semanas más tarde, me llamaron para hacerme otra prueba porque la primera era "demasiado buena" para ser verdad sin que hubiera tomado drogas, pero la segunda prueba dio aun mejores resultados: aparte de un marcador de inflamación, todo dio perfecto y sigue así.

Mi prueba de sangre para la enfermedad de Lyme más reciente mostró solo una cepa de borrelia [parásito] con ligera positividad, en comparación con las seis cepas diferentes que tenía hace tres años.

¡Estoy eternamente agradecida por las enseñanzas toltecas!

MARÍA LAMPERT, REINO UNIDO/HUNGRÍA

Capítulo 11

OHMAXAL: LA CRUZ CÓSMICA

Otra de las técnicas que ha dado grandes resultados en cuanto a regeneración del cuerpo, así como en procesos de rejuvenecimiento, es la llamada *Ohmaxal* o cruz cósmica.

La cruz cósmica es un símbolo en muchas culturas, incluidas las antiguas tradiciones egipcias, hindúes, mayas y templarias. Las culturas antiguas de México la interpretaban de la siguiente manera: *Centeotl*, la energía primordial de donde todos provenimos y a donde todos regresaremos, vive en el treceavo cielo, también conocido como *Amomati*, que quiere decir "estado sin sentido", e *Itzcuauhtli* o Águila negra. El Águila negra se divide en *Ometecuhtli* y *Omecihuatl*, el Señor dos y la Señora dos, que son el equivalente mexicano de las fuerzas duales del *yin* y el *yang*. *Ometecuhtli* y *Omecihuatl* tienen cuatro hijos, todos llamados según una variante de *Tezcatlipoca*, que quiere decir "espejo humeante".

En la tradición original, los *Tezcatlipocas* eran considerados esencias, energías que estaban dentro y fuera de nosotros. Luego, con el advenimiento de la religión, los llamaron dioses. Cada uno gobierna un momento del día, una fase lunar, un solsticio o un equinoccio, y su movimiento eterno es lo que da forma a lo que conocemos como tiempo.

Estos son los *Tezcatlipocas* y sus atributos:

- *Yayauhqui Tezcatlipoca*, el *Tezcatlipoca* negro
  Fue el primer *Tezcatlipoca* que nació. Gobierna el pétalo del Norte, la tierra de los muertos y los sueños, la cueva o el inconsciente. También es el regente de la medianoche, la luna nueva y el equinoccio de otoño.

- *Tlatlauhqui Tezcatlipoca*, el *Tezcatlipoca* rojo
  Fue el segundo *Tezcatlipoca* que nació. Gobierna el pétalo del Oeste, el lugar de la renovación y de la energía femenina. También se le llama *Xipe Totec* y es el que pone en movimiento el sueño del *Tezcatlipoca* negro en el Universo. Es la energía de la renovación y el regente de la puesta del sol, la luna menguante y el equinoccio de primavera.

- *Texouqui Tezcatlipoca*, el *Tezcatlipoca* azul
  El tercer *Tezcatlipoca* gobierna el pétalo del Sur, el lugar de la disciplina y los patrones repetitivos. Gobierna los patrones tanto en el Cosmos como en las personas. También se lo conoce como *Huitzilopochtli*. Es el regente del alba, la luna creciente y el solsticio de invierno.

- *Quetzalcóatl*, el Tezcatlipoca blanco
El cuarto *Tezcatlipoca* gobierna el pétalo oriental de la flor, el lugar de la luz y el precioso conocimiento. Rige sobre el mediodía, la luna llena y el solsticio de verano.

La mayoría de las personas les atribuyen cualidades divinas a los *Tezcatlipocas*. Los más sabios sabían que había un lugar en el duodécimo cielo, llamado *Ontlaixco*, donde estas esencias convergían para formar la geometría sagrada de nuestros ancestros, así como la famosa cruz cósmica.

La Cruz Cósmica

En esta figura, *Ometecuhtli* y *Omecihautl* representan las dos líneas de energía conocidas como el pensamiento del padre y de la madre. Más tarde, sus cuatro hijos los unen al formar un cuadrado que, cuando se pone en movimiento, crea la cruz.

Cuando gira en el sentido de las manecillas del reloj (hacia la derecha), la cruz avanza el tiempo. Una de las representaciones más vívidas de ello que tenemos los mexicanos son los llamados Voladores de Papantla, los cuatro hombres que cuelgan de una cuerda atada a sus pies y giran.

Aunque los estudiosos (entre otros) se niegan a creerlo, su acto se basa en el principio de la cruz cósmica.

Para rejuvenecer y sanar, podemos invertir el proceso si movemos la cruz cósmica en sentido contrario a las manecillas del reloj (hacia la izquierda).

Voladores de Papantla

EJERCICIO

GIRAR LA CRUZ CÓSMICA EN SENTIDO CONTRARIO A LAS MANECILLAS DEL RELOJ

• Siéntate cómodamente mirando hacia el Este y visualiza la cruz cósmica, cuya energía ya está dentro de ti, justo en el centro de tu esternón, moviéndose en el sentido de las manecillas del reloj como un molino de viento.

• Concéntrate en una de las cuchillas de la cruz, la superior, y comienza a girarla en sentido contrario a las manecillas del reloj. Comienza lentamente y aumenta gradualmente la velocidad hasta que la cuchilla alcance su punto más bajo. Ahora di: "rejuvenecimiento".

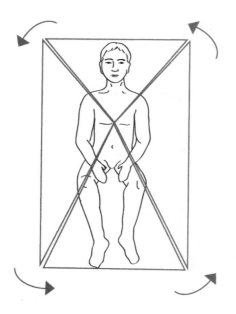

- Gira la cuchilla una vez más y, cuando alcance su punto más bajo, di: "regeneración".

- Gira la cuchilla una vez más y di: "Restauración del color del cabello" (si es lo que deseas). Continúa así con cualquier rejuvenecimiento que desees.

- Aumenta la velocidad de la cruz hasta que sientas que la energía se mueve tan rápido como un ventilador de cuatro aspas.

- Recuerda que cada una de sus hojas representa uno de los *Tezcatlipocas*, que a su vez representan cada una de las medidas del tiempo. Por lo tanto, cuando la cruz cósmica esté girando muy rápidamente, comienza a retroceder el tiempo en tu mente con la firme intención de curar y rejuvenecer. Por ejemplo:

  ◊ Noche, atardecer, mediodía, amanecer, noche anterior, atardecer, mediodía, amanecer...

  ◊ 2019, 2018, 2017, 2016, 2015...

  ◊ Diciembre, noviembre, octubre, septiembre, agosto...

  ◊ Domingo, sábado, viernes, jueves...

  ◊ Luna llena, luna creciente, luna nueva, luna menguante, luna llena, luna creciente, luna nueva, luna menguante...

◊   Solsticio de invierno, equinoccio de otoño, solsticio de verano, equinoccio de primavera...

◊   Ahora, juventud, infancia, matriz, ahora, juventud, infancia, matriz...

Al igual que el ejercicio anterior, esta técnica debe ejecutarse durante 18 minutos y, si se desea obtener mejores resultados, lo ideal es realizarla al menos por 52 días. Cuando se practique esta técnica, se pueden sostener recipientes de agua en las manos. El agua se impregnará con las propiedades de curación y rejuvenecimiento y luego se podrá beber.

Los resultados varían de individuo a individuo; sin embargo, he tenido pacientes enfermos que han regresado al momento antes de enfermarse y han experimentado una curación increíble. Otros han preferido usar la técnica para borrar traumas pasados, enfermedades, accidentes y abusos, entre otros. Algunos se han rejuvenecido mientras que otros han cambiado su vida de distintas maneras. Los resultados más espectaculares los han obtenido personas que han visto grandes cambios en 52 días y han seguido adelante.

· · ·

En mayo de 2013 asistí a dos talleres de Sergio. Esos cursos me abrieron un nuevo mundo. Noté que la forma en que interactuaba con la vida comenzó a cambiar, al igual que la forma en que interactuaba conmigo misma. Mi salud física

y emocional comenzó a mejorar a través de las prácticas
y de los nuevos profesionales de la salud que aparecieron
para ayudarme. Las relaciones difíciles dentro de mi familia y con mis compañeros de trabajo comenzaron a mejorar,
y llegó más abundancia (nuevos trabajos para mi esposo).

En marzo de 2015, asistí al taller de rejuvenecimiento de
Sergio. Comencé a hacer el ejercicio de rejuvenecimiento de
la flor durante 52 días, como indica, y me sentí cada vez
mejor. Decidí entonces que, siendo mayor (estoy en los cin-
cuenta) y teniendo algunos problemas físicos y emocionales
que necesitaban atención, haría cuatro movimientos. Los
hice durante 208 días seguidos, pidiendo la curación física,
emocional y de mis antepasados, y encontrarme con las personas y experiencias adecuadas para mi florecimiento.

Uno de los primeros cambios que noté fue que superar
el jet-lag era mucho más fácil. Apenas tuve jet-lag cuando
viajé a Europa y dormí bien desde la primera noche (antes
me tomaba cinco días). Me convertí en una persona más
despreocupada y me resultó mucho más sencillo "ir con la
corriente". Tuve la fuerza y la disciplina para seguir una
dieta de curación rigurosa (tanto en casa como durante las
nueve semanas de viaje). Ahora me río más a menudo y la
vida está llena de alegría.

La práctica diaria se convirtió en una meditación de
apoyo donde podía despejar las espinas de mi camino. A
menudo tenía la intención de curar mis ancestros y mi linaje. Soy de una familia numerosa y, como somos muchos,
tenemos bastantes problemas de salud física y mental.
Desde que completé mi práctica, un miembro de la familia
finalmente dejó a su esposo abusivo y se divorció. Otra,

que sufre de un trastorno afectivo estacional, ha tenido el invierno más saludable en mucho tiempo. Otra finalmente decidió someterse a una cirugía de reemplazo de cadera. No puedo decir con certeza que estos eventos se debieron a la limpieza de la línea ancestral, pero me queda la duda.

Un día, en noviembre pasado, mientras hacía la práctica de rejuvenecimiento de la cruz cósmica, tuve un momento de duda y me pregunté si realmente había tenido un impacto en mi vida. A los veinte minutos de haber tenido ese pensamiento, tocaron a la puerta principal. El cartero estaba allí con una carta certificada que decía que mi esposo recibiría el dinero que le debía su compañía anterior. ¿Fue una coincidencia? No lo creo.

Elin Gwyn, Ontario, Canadá

. . .

En 2015 me diagnosticaron un tumor de mama. El médico me recomendó cirugía y radioterapia, pero pensé que tenía que haber otra forma de recuperar mi salud. Después de conocer a Sergio y asistir a uno de sus talleres, trabajé con mis sueños y mis inframundos y aprendí a limpiar mi cueva.

Seis meses después, cuando volví a mi médico para un chequeo, mi tumor se había ido. Mi médico no creía que eso fuera posible sin tratamiento, pero tenía que admitir que había habido una remisión espontánea.

Después asistí al taller de rejuvenecimiento de Sergio, e hice un ciclo de ejercicios durante 52 días. Bueno, tuve un resultado maravilloso. Tengo 52 años y me veo de 35.

Mis amigos me han preguntado si me he hecho una cirugía plástica.

Todavía estoy girando y haciendo el ejercicio de la cruz cósmica. Estoy sana y me siento genial.

STEFANIA, ITALIA

Stefania es cirujana plástica y no ha dejado de hacer los ejercicios. Los resultados son realmente espectaculares.

Capítulo 12

EL RITUAL DE LA LUNA LLENA

Los antiguos mexicanos eran grandes observadores del Cosmos y de los ciclos humanos, y creían que el envejecimiento estaba directamente relacionado con el movimiento y el eterno ir y venir de lo que ahora llamamos tiempo. Su observación llegó incluso más allá, pues se dieron cuenta de que, en circunstancias normales, las mujeres eran un poco más longevas que los hombres, situación que se mantiene hoy en día, y concluyeron que se debía a un factor: la menstruación.

Dedujeron entonces que las mujeres tenían una oportunidad mensual para purificarse de toda la energía emocional que había quedado atrapada en los órganos anteriormente mencionados: ira en el hígado, tristeza en los pulmones, etcétera. También observaron (recordemos que se trata de una tradición muy antigua, antes de que se conocieran las hormonas) que el deterioro comenzaba cuando las mujeres dejaban de menstruar, y relacionaron directamente la menopausia con el envejecimiento.

Por lo tanto, idearon un ritual, casi desconocido, para que los hombres también pudieran deshacerse de la energía negativa y las mujeres no sufrieran el deterioro postmenopausia, teniendo incluso la posibilidad de realizarlo antes como práctica de rejuvenecimiento.

///

EJERCICIO
EL RITUAL DE LA LUNA LLENA

Esta técnica es muy similar a la descrita en el capítulo sobre *yezcoatl* o la serpiente de sangre. Se realiza la noche de luna llena (ver capítulo 5) y, como describí anteriormente, se deben hacer cuatro movimientos de respiraciones basadas en el número 7 hasta llegar a 28, la matemática de la Luna.

• Cierra los ojos, inhala por la nariz y cuenta hasta 7, exhala por la boca y cuenta hasta 7. Eso completa un ciclo.

• 7 ciclos forman un movimiento. Completa cuatro movimientos para alcanzar el número 28, que es el de la Luna.

• Visualiza la Luna que desciende a través de la coronilla, la Tierra ascendiendo a través de los pies, y ambas entretegiéndose en el corazón para crear una *yezcoatl* o serpiente de sangre que viajará a través de tu cuerpo, sanando y reparando a medida que avanza y regresa a tu corazón.

- Primero llévala al hígado. Dile que digiera toda la ira y el daño que se han acumulado allí durante el curso de tu vida. Visualiza como se retuerce durante varios minutos en tu hígado, limpiándolo y purificándolo.

- Luego llévala a los riñones. Dile que digiera todo el miedo y la culpa que has sentido en tu vida, y que cure todo el daño en esa área. Visualiza como se desliza alrededor de tus riñones durante unos minutos.

- Llévala al estómago para que digiera todos los traumas que no has podido superar en la vida, así como cualquier tipo de daño físico en el estómago. Visualiza como se retuerce en tu estómago durante unos minutos.

- Entonces llévala a los pulmones. Recuerda que puedes visualizar una sola serpiente que se desliza a través de ambos pulmones, o hacer que se divida en dos y cada serpiente vaya a un pulmón. Haz que digieran y curen la tristeza y la melancolía de tus pulmones durante unos minutos.

- Si sufres de alguna otra enfermedad o daño, lleva la serpiente de sangre a esa área y dile que digiera y cure las emociones que causaron el problema.

- Ahora visualiza como se mueve la serpiente a través de tu corazón, y ordénale que digiera cualquier envejecimiento o daño ahí.

- Cuando sientas que está sucediendo, cuenta 1.

- Visualiza la serpiente en tu corazón una vez más, y ordénale a tu ritmo cardiaco que disminuya la velocidad, y a la serpiente, que elimine toda la energía que ha envejecido.

- Entonces cuenta 2.

- Visualiza nuevamente la serpiente en tu corazón, disminuye tu ritmo cardiaco nuevamente, profundiza tu respiración y cuenta 3.

- Repite el proceso, de forma lenta y mesurada, hasta que hayas contado hasta 13.

- Para entonces, habrás logrado más o menos lo que los antiguos mexicanos llamaban el estado de sueño lúcido. Tu cuerpo se sentirá paralizado, como cuando sueñas mientras duermes, y tus manos y pies se sentirán pesados, como si no pudieras moverlos. Todo lo que hagas en ese estado irá a lo más profundo de tu cueva y tendrá mucho más poder que la visualización normal.

- Sin abrir los ojos, haz que la serpiente en tu corazón se mueva hacia tu dedo índice izquierdo y rompa la parálisis del sueño, moviéndolo suavemente hacia arriba y hacia abajo.

- Con la mano derecha, toma una aguja o alguna otra cosa con la que puedas pincharte para extraer sangre. En el ritual original se usa una espina de maguey.

- Pínchate el dedo índice izquierdo para obtener una gota de sangre. A medida que la sangre emerge, ordena:

"Que mi sangre haga que toda la rabia, el miedo, el trauma, la tristeza, la enfermedad y el envejecimiento se vayan y purifiquen y rejuvenezcan todo mi cuerpo".

- Una vez que tengas una gota lo suficientemente grande en tu dedo, úsala para dibujar el símbolo de los cuatro movimientos en *Tonantzin*, la Madre Tierra:

Representación gráfica de los 4 movimientos

Este símbolo representa los cuatro movimientos necesarios para que algo ocurra, como dije en el capítulo 2, dedicado a la numerología tolteca. Dile a la Tierra que le ofreces tu sangre para que te rejuvenezca y sane.

Este ritual se realiza una vez al mes, el día de luna llena, o un día antes o después (ya que la influencia de la luna llena dura todo ese periodo). Sin embargo, se puede realizar durante tres días seguidos si se desea. Tres, en náhuatl, es *yei*, que proviene de *yeztli* (sangre), por lo que para actuar de acuerdo con las matemáticas sagradas este ritual no debe realizarse durante más de tres días.

He practicado este ritual durante mucho tiempo para mantener mi cuerpo libre de enfermedades y los efectos del tiempo.

Al investigar antiguas formas de espiritualidad, encontré información sobre cómo en varias culturas antiguas ciertos hombres y mujeres sabían cómo revertir el proceso de envejecimiento.

Su objetivo era vivir el tiempo suficiente para cumplir el destino de su alma, sin tener que retroceder en el ciclo de la vida, la muerte y el renacimiento. Cuando tenía 55 años, comencé a pensar: "Cuando cumpla 60 voy a descubrir cómo hicieron los antiguos para revertir el proceso de envejecimiento y hacerlo yo también".

Cumplí 60 años el 21 de abril de 2014. Para entonces, el dolor en mis rodillas era insoportable y mi peso hacía que cada vez me fuera más difícil moverme. En mi último viaje a México, con Sergio, estaba tan pesada y fuera de forma, y mis rodillas estaban tan mal, que no pude escalar la Pirámide del Sol para una ceremonia.

Durante 2014 empeoré. En noviembre llevaba aparatos ortopédicos para las rodillas y tomaba tantos analgésicos que me preocupé por mi hígado. La escalada era casi imposible y, por supuesto, mi peso iba en aumento.

Mi quiropráctico y mi médico me animaron a ver a un cirujano.

Descubrí que tenía resistencia a la insulina y comencé a hacerme cargo de mi sistema endocrino. Mi peso comenzó a bajar, pero el dolor en la rodilla derecha seguía siendo insoportable. Finalmente, fui a mi médico familiar a principios de 2015 y me dijo que no había nada que sujetara la rodilla en su lugar. Las radiografías mostraban que tenía artritis entre moderada y grave en ambas rodillas. El médico me programó una resonancia magnética y me hizo una cita con un cirujano para la primera semana de mayo. Solo tenía cinco semanas para encontrar un milagro.

Asistí al curso de reversión de envejecimiento de Sergio y luego fui diligente con las prácticas. Cada día mejoraba. Comencé a investigar los suplementos que necesitaba para ayudar a mi recuperación y los tomé. Era como si todo el Universo apoyara el proceso.

Unas de las mejores cosas que he escuchado en mi vida fue cuando fui a ver al cirujano y este me dijo:

—Laura, lo siento, pero no puedo leer tu resonancia magnética.

—¡Pero no me moví ni un centímetro! —respondí.

—No, fue muy claro, pero no puedo leerlo.

—Pero, ¿por qué?

—Si hubieras venido a mí después de la radiografía, estaríamos hablando de una cirugía muy seria, pero esta no es la misma rodilla. De hecho, realmente no encuentro ningún problema en ella.

—¿Quieres decir que no tengo que someterme a una cirugía? —pregunté, emocionada.

—*No, no si no tienes ningún dolor u otros problemas. Sigue haciendo lo que estás haciendo.*

Ahora, poco más de un año después, he completado 365 días de terapia de reversión del envejecimiento.

He perdido más de 50 libras (22 kg) y camino, escalo e incluso salto. La gente se sorprende cuando les digo que cumpliré 62 años. Cuando regresé a México, en diciembre de 2015, no solo escalé la Pirámide del Sol, sino que fui la primera en llegar a la cima.

Ahora estoy libre y el futuro está muy abierto.

LAURA HEMING, CANADÁ

Tercera parte

MANIFESTACIÓN

Capítulo 13

LOS 13 CIELOS

Después de explorar durante algunos años el mundo de la sanación y el rejuvenecimiento con resultados espectaculares, me di cuenta de que, a pesar de haber hecho cambios positivos en mí mismo, todavía me faltaban algunas cosas que siempre había querido manifestar, como una casa y una relación estable. Por tanto, el siguiente paso lógico fue explorar el mundo de la manifestación y el pensamiento positivo.

Con mi primera maestra, Laura Muñoz, obtuve algunos resultados de manifestación gracias al poder de las velas. Sin embargo, di un paso significativo en los Andes cuando me enteré de las ceremonias de los antiguos *paqos*, conocidas como despachos. Las ceremonias de despachos implican hacer una especie de pequeño mandala, a través del cual se envían los pensamientos, sentimientos y acciones desde la Tierra a todas las fuerzas del Universo, que corresponderán ofreciendo algo a cambio. Fue entonces cuando entendí la importancia del ritual.

En México había conocido las grandes ceremonias donde se coloca una ofrenda en el centro de la habitación y se hacen danzas rituales que duran horas y horas. Eran bellísimas, pero difíciles de ejecutar. También conocía la tradición ritual de Teotihuacán, que se conoce como "el lugar donde los hombres se convierten en dioses" o "el lugar donde los hombres se convierten en energía". Eso me llevó a pensar que los antiguos rituales de manifestación todavía existían, pero se hallaban escondidos.

Resultó ser cierto. Para los antiguos mexicanos, los sueños creaban los eventos del mundo de vigilia, por lo que sus rituales pertenecían principalmente al nahualismo o tradición de los sueños, aunque también había algunos que pertenecían al mundo *tonal* o de vigilia. Comencé a experimentar con ellos y, a partir de entonces, todo lo que quise crear se manifestó, y si no fue así surgió algo mejor. Si pedía algo especial y no se manifestaba, podía confiar en que algo mejor llegaría pronto.

He elegido tres rituales para esta sección. Uno pertenece al mundo de los sueños, otro involucra las matemáticas cósmicas y el último explora las cuevas de poder. Sin embargo, recomiendo practicar la teomanía (ver capítulo 4) o los ejercicios de curación antes de comenzar con los ejercicios de manifestación, para que los inframundos no interfieran en el proceso.

¡Espero que tus sueños se vuelvan realidad!

LOS 13 CIELOS

Como mencioné anteriormente, los antiguos mexicanos creían en la existencia de 13 cielos. Afirmaban que a la energía primaria, *Centeotl*, el Águila negra o estado sin sentido, le llevó 13 pasos transformarse en lo que llamamos materia. Los 13 cielos serían como dimensiones, si es que queremos llamarlas así, que nos proporcionan la energía para manifestar el mundo material o *Tlalticpac*, el lugar en que vivimos.

Si analizamos esos cielos, podemos ver la tremenda importancia que tenían para los antiguos mexicanos, especialmente los teotihuacanos, toltecas y mayas, así como para los andinos y sus despachos, es decir, las ofrendas que se dirigían desde la Tierra a las estrellas. Todos ellos vieron el Cosmos no como algo separado del funcionamiento de la realidad, sino como parte integral de ella. Por eso, cuando encuentro alguna información que dice ser tolteca o maya pero no está relacionada con las matemáticas cósmicas ni con el mundo de los sueños, siempre cuestiono sus orígenes, ya que esas culturas se basaban en los sistemas cósmicos, cosa que era cierta también para los sumerios, babilonios y egipcios.

Primero describiré los 13 cielos de la manera más simple y concreta posible para que puedas comprenderlos y utilizarlos para crear la vida que desees, en conjunto con las fuerzas del Universo. Pero antes me gustaría señalar que ocho de esos cielos son energéticos, como ocho son las cosas que están ocultas en la oscuridad de la noche, es decir, las cosas que no se pueden ver. Los otros cinco cielos son físicos, y cinco es el número que hace realidad las ideas a través de nuestros cinco dedos, es decir, el número de la creación en el mundo físico. Así que la cosmología está en perfecta concordancia con sus fundamentos matemáticos.

Estos son los 13 cielos:

- Treceavo cielo (13 o 1): Es donde se encuentra la energía primordial *Centeotl*, de donde proviene todo y hacia donde va todo, siendo una ilusión el concepto de separación. Todos somos *Centeotl*. Yo soy *Centeotl* que tomó la idea de convertirse en mí, la computadora en la que estoy escribiendo también es *Centeotl* que tomó la idea de ser computadora, y así en todo cuanto existe y cuanto hay.

- Doceavo cielo (12 o 2): Aquí es donde *Centeotl* se convierte en sus dos primeras creaciones, *Ometecuhtli* y *Omecihuatl*, el Señor dos y la Señora dos, nuestros equivalentes del *ying* y el *yang*, de los que hablé en el capítulo sobre la cruz cósmica. En este cielo las ideas que van a existir toman forma, metafóricamente, a través del sonido del caracol y el humo del sahumador, la olla manchada. Este cielo se suele visitar para crear las cosas que se desea manifestar (explicaré este proceso más adelante).

- Onceavo cielo (11 o 3): Aquí es donde viven los hijos del Señor dos y la Señora dos, los cuatro *Tezcatlipocas*. Cuando se está en este cielo se les pueden pedir las cosas que se desean. Al *Tezcatlipoca* negro se le pide que cure los sueños y la mente inconsciente; al rojo, la sanación física; al azul, la voluntad y la disciplina, y al blanco, la apreciación por el conocimiento. Este es un cielo muy importante, pero para la manifestación es mejor ir al doceavo cielo.

- Décimo cielo (10 o 4), llamado cielo rojo: Se va aquí a reparar el cuerpo, a regenerarlo y rejuvenecerlo, porque la tradición dice que en el útero, cuando uno está soñando, mientras se forma el cuerpo, con quién fue y en quién se convertirá, la luz que se cuela por la piel del vientre de la madre es de un tono rojizo, lo que hace que nuestro inconsciente o *nahual* asocie el rojo con la creación del cuerpo físico. Por eso es un cielo apropiado para regenerar áreas dañadas en el cuerpo.

- El noveno cielo (9 o 5), el cielo azul: Muchas tradiciones dicen que venimos de las estrellas y que todos tenemos una estrella guía. En los Andes llaman *Apu* a la estrella guía. En la tradición cristiana, una estrella guió a los Reyes Magos hacia el niño Jesús. En nuestra tradición, nuestra estrella guía no es una estrella en particular, sino el noveno cielo, el cielo de la sabiduría estelar.

- El octavo cielo (8 o 6), el cielo dorado: Este es el cielo del *tonal* del Sol, el espíritu del Sol antes de que existiera el Sol físico. Según los antiguos mexicanos, normalmente se manifiesta como un águila o jaguar. Es común en las culturas antiguas tener diferentes manifestaciones del Sol. En Egipto, por ejemplo, tienen el escarabajo, el disco solar y el halcón. La gente antigua iba a este cielo en sueños o estados alterados de conciencia en busca de su destino.

- El séptimo cielo (7 o 7), el cielo blanco: Este es el cielo del *nahual* de la Luna, es decir, el espíritu de la Luna antes de que existiera la Luna física. Para nosotros, la Luna es una de las representaciones del *Tezcatlipoca* negro. Nos puede dar tanto fortuna como desgracia. Es mejor ir a este cielo junto con el 12 para la manifestación física.

- El sexto cielo (6 u 8), el cielo del movimiento: Aquí reside la cruz cósmica, que mantiene todo en movimiento.

- El quinto cielo (5 o 9): Aquí cruzamos las fronteras del universo físico. Los cometas y las estrellas fugaces son parte de este cielo y nos recuerdan que todo se mueve.

- El cuarto cielo (4 o 10): Es el cielo de todas las estrellas físicas. Se dice que la mitad es aliada del Sol, y la otra mitad, de la Luna, por lo que representan el dualismo del día y la noche, *tonal* y *nahual*.

- El tercer cielo (3 u 11): Venus reside en este cielo. Era considerada la estrella del *tonal* al amanecer, así como la estrella del *nahual* en la noche, aparentemente dividiendo nuestra existencia en dos realidades: el mundo despierto y el mundo de los sueños.

- El segundo cielo (2 o 12): El cielo del Sol físico, *Tonatiuh*.

- El primer cielo (1 o 13): Los antiguos mexicanos se referían a este cielo como la "prisión invisible de la Luna", debido a su influencia directa sobre nosotros. Es el cielo de la Luna física, los vientos y las nubes. Los vientos traen tiempos buenos y malos, mientras que las nubes traen cambios emocionales que son gobernados por la Luna, que es la que gobierna las aguas. Por eso es vital para nuestra conciencia viajar más allá de este cielo si deseamos vivir una vida más estable. Se va a este cielo en busca de un destino grandioso (el Sol).

///

EJERCICIO
MANIFESTACIÓN A TRAVÉS DE LOS 13 CIELOS

- Recomiendo hacer este ejercicio por la noche antes de quedarse dormido, cuando se ingresa a lo que la ciencia llama el estado hipnagógico o de hipnagogia.

- Acuéstate cómodamente en tu cama y haz los ciclos de respiración que te enseñé en el capítulo 5: cuatro ciclos de siete para completar 28, el número de la Luna, el guardián de los sueños.

- Crea la serpiente de sangre dentro de ti como antes, pero esta vez, en lugar de llevarla a todos los órganos, déjala ir directamente al corazón y comienza a disminuir tu ritmo cardiaco mientras cuentas uno, dos, tres..., como expliqué en el ritual de la luna llena (ver capítulo 12).

- Cuando hayas contado hasta 13 y sientas que tus manos están medio paralizadas, lleva a la serpiente desde tu corazón hasta la frente y haz que salga a través del *chakra* de jade, *chalchiuhuitl*, donde se unen el *tonal* y el *nahual*. Esto se muestra comúnmente en representaciones de antiguos faraones egipcios; supongo que tenían una disciplina similar.

- Ahora haz que la serpiente salga de la habitación hacia las nubes y los vientos, y al pasar por la Luna dile que ya no vivirás en la dualidad. Cruzar las nubes sana tus emociones, e ir más allá de la Luna supera tu prisión invisible de dualidad lunar.

- En tu estado de ensueño, ve más allá del Sol, Venus, las estrellas y los cometas, y en el sexto cielo encontrarás la cruz cósmica.

- Sigue subiendo y entra en el séptimo cielo, el cielo de la Luna. Pide ver al *nahual* que ahí habita.

- Cualquier forma que tenga el *nahual* que se te aparezca estará bien. Puede aparecerse como un animal o una mujer con ojos sin iris, de hecho, esa es la forma de reconocerla. Ofrécele tu amistad y pídele a cambio todo lo que quieras manifestar. Trata de llevarte bien con la Luna, sé encantador con ella.

- Ahora deja el cielo de la Luna y sube a través del cielo del *nahual* del Sol y el cielo de las estrellas hasta el décimo cielo, el cielo rojo. Si necesitas curación, quédate un tiempo regenerando tu cuerpo.

- Luego sube por el cielo de los *Tezcatlipocas* y entra en el doceavo cielo, donde viven *Ometecuhtli* y *Omecihuatl*. Pide verlos.

- Cualquier imagen que te llegue de la pareja creadora estará bien: a veces he visto a mi maestro con su esposa; otras, a mis padres; otras, dos árboles. Pídele al Señor dos y a la Señora dos que creen, con el sonido del caracol y el humo del sahumador, lo que desees —puedes pedir hasta cuatro cosas— y luego pronuncia mentalmente la palabra *"Ometeotl"*.

- Cuando hayas terminado este proceso, baja hasta el cielo 2, el de las estrellas. Visualiza el Cosmos, encuentra tu propia estrella guía, que podría ser cualquiera, y hazla brillar más y más para que tengas una vida muy afortunada.

- Contempla tu estrella guía hasta que te duermas.

Recomiendo repetir este ejercicio durante 13 días, comenzando el día de luna nueva para así terminar un día antes de la luna llena, de modo que todo esté perfectamente sincronizado con los ciclos del Universo. Algunos meses, las peticiones se manifestarán y otros, no. Durante el siguiente ciclo lunar se puede repetir el procedimiento para aquellas que no se han manifestado.

Espero que todos tus sueños bajen de los cielos para ti.

. . .

Cuando asistí al taller de Sergio, le pedí a Metztli, *la Luna, que me permitiera redecorar mi casa. Pasado un tiempo, lo olvidé. Sin embargo, un día cambié mi guardarropa, luego me deshice de una alfombra, después cambié la cocina, el salón y los pisos del comedor. Más adelante mandé a pintar todas las habitaciones. Todo sucedió gradual y suavemente.*

Tiempo después, volví a leer mis notas sobre el taller y me di cuenta de que todos esos cambios habían tenido lugar de acuerdo con mi solicitud. En ese momento, las palabras de Sergio me golpearon: "Escribe tus solicitudes, porque tendemos a olvidarlas".

DRA. PATRICIA QUINTOS, CIUDAD DE MÉXICO

Capítulo 14

TLAHTOLLIN: EL ORDEN MATEMÁTICO DE LA CREACIÓN

Esta es una técnica sumamente interesante, que ensamblé reuniendo la enseñanza de varios maestros. Está completamente basada en la numerología tolteca y ha probado brindar resultados extraordinarios. Como mencioné anteriormente, para los antiguos mexicanos el número 13 es un número sagrado que significa la manifestación con belleza, el florecer de algo en alineación con nuestro Sol. *Tlahtollin* es la suma de 13 pasos que unen sueños, numerología, la relación de nuestro cuerpo con el Cosmos, la Tierra y nuestro sistema energético, para manifestar lo que deseamos, ya sea una muerte consciente, sueños lúcidos o aspiraciones materiales como un trabajo, un coche y cosas por el estilo. También se puede practicar para lograr la sanación física y emocional. En náhuatl, la unión de la palabra *Tlahtolli* (que significa "palabra") y *ollin* (que significa "movimiento") forma *Tlahtollin*, que es "el movimiento de la palabra que crea el orden matemático de creación".

Voy a explicar el concepto y la forma de realizar la técnica. Recomiendo que se haga una cosa a la vez.

///

EJERCICIO
MANIFESTAR A TRAVÉS DE *TLAHTOLLIN*

Este ejercicio se puede realizar en cualquier momento del día. Sin embargo, el mejor momento es al atardecer.

Siéntate mirando hacia el Este y ponte cómodo.

Ce, uno
Es aquí donde debemos comenzar el proceso de manifestación. Tenemos que poner una nueva idea en la mente de *Centeotl*, la energía primigenia, para que podamos crear lo que deseamos.

- Elije el símbolo que asignarás a tu manifestación. Puede ser cualquier cosa que represente tu deseo, como una flor o un colibrí, pero debe ser algo que puedas recordar, ya que lo usarás durante los 13 días que dura el ejercicio.

- Ahora, cuando levantes la mano y la pongas sobre tu cabeza, alcanzarás un punto determinado. Es el punto que une la energía de *Centeotl* con tu conciencia individual. Entonces levanta los brazos por encima de la cabeza y junta las manos para formar un círculo en el que visualices el símbolo de tu manifestación.

Ome, dos; *omitl*, hueso

El segundo paso consiste en convertirse en un hueso hueco. Los nativos americanos solían llamar a sus curanderos huesos huecos. En la tradición mexicana, uno se convierte en hueso hueco cuando hace que la energía de *Centeotl* corra por el cilindro del cuerpo con toda la sabiduría de sus antepasados.

- Separa tus manos y utilízalas para formar un cilindro a tu alrededor, de arriba a abajo.

- Visualiza que la energía de tu símbolo se mueve hacia abajo a través de tu cuerpo y cruza el centro del cilindro hasta que llega a la Tierra. El objetivo es borrar toda la energía ancestral impresa en tus cuerpos energéticos que podría obstaculizar la manifestación.

Yei, tres; *yeztli*, sangre

El tercer paso consiste en permitir que la energía que fluye desde el símbolo a la Tierra ingrese a la sangre y, a través del torrente sanguíneo, fluya hacia todos los órganos.

- Visualiza tu sangre y lleva tu intención a través de tu cuerpo, tus órganos, tu ser, tus emociones. Haz que viva dentro de ti.

- Recuerda que la sangre es el contacto entre *tonal* y *nahual*. Estás programando tus cuerpos despierto y en sueño con el mismo propósito.

Nahui, cuatro; el orden de la Madre Tierra

El cuarto paso consiste en entregarle a la Madre Tierra la energía que ahora existe en los cielos, en los huesos y en la sangre, para que pueda manifestarse allí.

- Visualiza la sangre que lleva tu intención moviéndose hacia tu dedo índice izquierdo.

- Usa tu dedo índice izquierdo para dibujar el símbolo de los cuatro movimientos en la Tierra, para que puedan manifestarse.

Representación gráfica de los 4 movimientos

En la técnica original te pincharías el dedo para fertilizar la Tierra con tu sangre. Si lo haces y le ofreces tu valentía a la Madre Tierra, la recompensa será mayor.

En algunas comunidades, pincharse el dedo en Año Nuevo era un ritual para la regeneración. El representante de la comunidad pinchaba los dedos de los miembros del grupo y dibujaba en la tierra el símbolo de los cuatro movimientos para pedir bendiciones para el nuevo ciclo.

Antes de que los rituales originales se deterioraran, estaba prohibido usar la sangre como ofrenda, a menos que fuera la sangre de uno mismo. Creo que todas las tradiciones comenzaron así, y solo con el tiempo comenzaron a sacrificar animales e incluso personas, práctica con la que no estoy de acuerdo. No lo permito ni lo he llevado a cabo. Sin embargo, adopto la práctica de dar algunas gotas de mi sangre a la Madre Tierra, no solo por la belleza de ofrecer la sangre que me da vida, sino también porque mi sangre representa la unión de la Luna y la Tierra dentro de mí.

Mahcuilli, cinco

Mahcuilli, como se recordará, tiene dos significados diferentes: 1) agarrar algo con las manos y 2) "los gusanos de las manos", es decir, los dedos. El quinto paso refleja ambos significados.

- Señala con la punta de los dedos de tu mano izquierda el lugar donde dibujaste el símbolo, y pídele a *Tonantzin*, la Madre Tierra, que te permita manifestar tu deseo. Pídele que te dé esa energía y repite cuatro veces *"xihualhui"*.

- Siente cómo la energía de tu creación sube desde la Tierra hasta tu mano izquierda. (Recuerda, recibes con la mano izquierda y proyectas con la derecha).

Chicoacen, seis; el poder de la serpiente unida

- La serpiente representa energía, por lo que la serpiente unida se mueve hacia arriba a través de los *totonalcayos*, en un proceso similar a como surge la *kundalini*. Esto lleva la energía de la Tierra a todos los *totonalcayos*.

• Cuando recibas la energía de la Tierra en tu mano izquierda, pon tu mano derecha en tu cóxis y proyecta esa energía hacia tu sacro, y luego hacia arriba, a través de los genitales, el ombligo, el pecho y el cuello, hasta que salga por la frente en forma de serpiente.

• ¿Por qué a través de la frente en lugar de la corona? Porque el *chakra* de la frente es el área preciosa para la creación, donde se unen *tonal* y *nahual*. Se llama preciosa porque toma su nombre del jade, la piedra más preciosa de los antiguos mexicanos. Salir a través de la corona se usa comúnmente en técnicas de iluminación o para la muerte consciente.

Chicome, siete; las dos serpientes unidas

El séptimo paso consiste en visualizar la serpiente que sale de tu frente y se divide en dos. Una va hacia la derecha y la otra hacia la izquierda, tan lejos como puedan.

• Déjalas ir y luego visualiza cómo regresan y se entretejen mientras se mueven justo delante de tu frente.

• Ese es el momento sagrado de la creación. Di: "*Ometeotl*".

Chicuey, ocho; el flujo de la energía del Universo

El octavo paso consiste en pedir lo que deseas manifestar desde los cuatro puntos cardinales, los pétalos de la flor, y desde arriba hasta abajo.

- Pídele al flujo del Universo que te lo traiga.

La manifestación sería muy simple si eso fuera todo lo que hubiera que hacer. Estos pasos pueden ser suficientes, pero los inframundos o lugares donde la mente está atrapada pueden afectar el proceso. Si tus inframundos y tu enemigo interior son muy fuertes, siempre tomarás malas decisiones. Por ejemplo, si estás pidiendo que un compañero llegue a tu vida, elegirás la peor opción o sabotearás la posibilidad de una relación. Si una puerta se abre, de alguna manera la cerrarás. Si se te ocurre una nueva idea, la descartarás y dirás: "No, no puedo hacerlo porque soy demasiado viejo". O inventarás miles de excusas para no hacerlo.

Por eso recomiendo realizar la teomanía (ver capítulo 4) o los ejercicios de curación antes de comenzar con los ejercicios de manifestación. También se puede continuar con este ejercicio y curar los infiernos con el número 9.

Chicnahui, nueve; lo que está enterrado en la Tierra

En este paso se pide sanar los sueños que impiden manifestar lo que se desea, eliminar los patrones destructivos que afectan la vida y superar los obstáculos que aparecen en el camino.

La dilación, la falta de disciplina y el miedo al cambio son los principales obstáculos que impiden que ocurra la manifestación. Estas emociones negativas consumen energía y evitan que creemos lo que deseamos y/o hacen que pensemos que es difícil o imposible de lograr.

Simbólicamente los sueños, patrones y emociones destructivas se encuentran dentro de los inframundos, dentro de la Madre Tierra. Este es un concepto que los andinos también poseen, afirmando que la Pachamama, la Madre Tierra, cuida nuestro sufrimiento hasta que podamos procesarlo. Los nativos americanos tienen una idea similar y cazan el alma dentro de la Madre Tierra.

Si los inframundos se encuentran dentro de la Madre Tierra, ella es la encargada de curarlos. Esa es la razón por la cual el noveno paso consiste en pedirle que cure los infiernos interiores.

• Dibuja el símbolo de los cuatro movimientos en la Tierra, esta vez con la mano derecha. Una vez más, en la técnica original te pincharías el dedo índice y dibujarías el símbolo con una gota de tu sangre, ofreciendo tu valentía a cambio de las transformaciones que pides.

• Pide a *Tonantzin*, la Madre Tierra, que cure todos tus mundos inferiores.

Mahtlactli, diez; el dorso de la mano
Se usa cuando necesitas desarrollar un talento para manifestar algo.

• Pon ambas manos juntas al lado de la cara, sin importar en qué lado las coloques. Llévalas primero a un lado y luego al otro y ordena que todos los talentos que necesitas para esta manifestación particular se desarrollen en tu vida.

Como se mencionó en el capítulo 2 de numerología tolteca, el uso de dos manos (diez dedos) permite modificar lo que se ha estado haciendo, que ha estado determinado por el número 9.

Mahtlactli, once, 10 y 1

Si has podido cambiar lo que has estado haciendo con el paso 10, ha llegado el momento de cambiar el camino en el que te encuentras.

- Sostén tus tobillos con ambas manos (simbólicamente ya habías cambiado lo que habías estado haciendo).

- Pídele a tus tobillos que lleven tus pasos por el camino de tu nueva creación.

Mahtlactli omome, doce, 10 y 2; sabiduría

Aquí agregas lo viejo y comienzas un nuevo ciclo, un ciclo lleno de sabiduría.

• Pon tus manos sobre las rodillas para que cierres el ciclo en el que no pudiste manifestar lo que estabas pidiendo y deja ir todo lo que no necesitas para sanar tu vida. O, simplemente, apoya las manos en el piso y pide que la Madre Tierra se lleve la energía de tu inframundo.

• Permanece en esa posición durante unos dos minutos y siente cómo se mueve la energía por todo tu cuerpo, cerrando un ciclo en tu vida y abriendo uno nuevo.

Mahtlactli oneyi, trece, 10 y 3; florecer de la manera más bella y armoniosa

- Lleva toda la energía que creaste en el paso anterior hasta tus caderas, que es el lugar donde reside la energía sexual, la que puede crear cualquier cosa en la vida.

- Sostén tus caderas por ambos lados y ordena que tu energía sexual manifieste tu deseo de una manera hermosa y armoniosa, como lo hace una flor cuando florece.

- Para concluir, junta las manos y di:

"Ometeotl. Que [todo lo que deseas] se manifieste con la sabiduría y la belleza de una flor. *Ometeotl"*.

Este ejercicio debe repetirse cuatro veces al día durante 13 días. Quienes elijan pincharse el dedo, solo deben hacerlo en el primer movimiento del día. Para los otros tres movimientos basta con dibujar los símbolos. Al concluir el ciclo, se habrá repetido el ejercicio 52 veces. Fuego nuevo, sueños nuevos.

Finalmente para complementar este ejercicio, cuando estés acostado en la cama, antes de dormirte, di:

"Esta noche soñaré con el símbolo que elegí para mi manifestación".

Si lo sueñas y recuerdas el sueño, puedes estar seguro de que lo que quieres que suceda está a punto de manifestarse. Si la manifestación ocurre primero y no puedes recordar haber soñado con el símbolo, no te preocupes, puedes estar seguro de que ya lo has soñado, de lo contrario no se produciría la manifestación.

Si deseas acelerar el proceso, espera un momento y repite el ejercicio. Intenta iniciarlo durante la oscuridad de la Luna o en luna nueva, para que los 13 días transcurran bajo la luna creciente.

Soy mexicana, pero no sabía lo que eso significaba realmente hasta que estudié el camino tolteca y mexihca. Ha sido un intrigante viaje de sanación, misterio, transformación, paciencia, fe y disciplina. Esas enseñanzas ofrecen una forma de transformar nuestras vidas al liberar viejos sistemas de creencias y bloqueos que nos impiden estar en paz, amor y armonía con nosotros mismos, con los demás y con el mundo que nos rodea.

Seguir las prácticas me ha ayudado a resolver mis problemas y a superar los cambios energéticos a los que me enfrento a diario en el mundo moderno, que se mueve rápidamente. Me fascinan los resultados de los ejercicios de rejuvenecimiento, que proporcionan un camino sencillo para dejar de lado todo lo que no me sirve y equilibrarme con mis cuerpos físico, mental, emocional y espiritual. Las modalidades de sanación han consolidado mi conexión con los elementos y la naturaleza, y me han brindado confianza para enseñar y sanar a otros. Las enseñanzas me han dado herramientas prácticas para crear las conexiones necesarias con el fin de vivir una vida hermosa, la vida de mis sueños. Ometeotl.

ANTOINETTE GUTIÉRREZ,
OZOMACIHUATL;
SAN DIEGO, ESTADOS UNIDOS

Capítulo 15

TEPEYOLOHTLI: EL CORAZÓN DE LA MONTAÑA

He dejado para el final lo que considero el pináculo de la exploración de las cuevas de poder, el ritual de manifestación más poderoso que conozco. Estoy muy agradecido de que haya llegado a mí.

Como he mencionado antes, los antiguos mexicanos llamaban "cueva" al interior del ser. Mi maestro del espejo de obsidiana, Armando, de quien hablé en mi libro anterior, *El secreto tolteca*, lo describe como "explorar el camino del *Tezcatlipoca* de la oscuridad". La oscuridad no es negativa en nuestra tradición. Simboliza el mundo interior, los sueños y las fuerzas de la noche, como la Luna. Explorar el camino de la oscuridad es similar a cuando un psiquiatra moderno explora la mente inconsciente de un paciente.

Armando me explicó que, una vez que hemos trabajado con nuestra propia cueva, el siguiente paso es comenzar a trabajar con el corazón de las montañas, es decir, las cuevas que hay en ellas para ayudar al colectivo, el *tepeyolohtli*. *Tepetl* significa "montaña" y *yolotl*, "corazón". En el México antiguo, los *tepeyolohtli* eran grupos de personas. El principal objetivo de trabajar con el corazón de las montañas es ayudar a los demás. Se trabaja con las cuevas de las montañas para ayudar a la mente colectiva.

En el México antiguo, había dos grupos de personas que hacían peregrinaciones a las montañas donde, juntos, creaban el destino colectivo y podían hacer que lloviera o que hubiera paz, y evitar que ocurrieran desastres naturales. Lamentablemente, parte de ese conocimiento se ha perdido. Sin embargo, Armando conocía uno de los rituales (nunca lo pudimos realizar juntos, pero tomé notas y luego lo llevé a cabo por mi cuenta y con mis alumnos, constatando que era uno de los rituales más poderosos que se podían realizar).

Amo las ciudades, pero con el tiempo también aprendí a amar la naturaleza, aunque me siento mucho mejor en un ambiente de ciudad. La primera vez que practiqué este ritual, no lo hice en una cueva en las montañas, sino durante la noche, con las persianas cerradas para lograr una completa oscuridad. Fue increíble cuando me di cuenta de que todo lo que había pedido en el ritual se había manifestado.

Posteriormente comencé a enseñárselo a mis alumnos. Lo usé para pedidos no solo personales, sino también colectivos. Pedí lluvia y que se prohibieran los cultivos modificados genéticamente, entre otras cosas. Para México, pedí que disminuyeran las cifras de violencia en Monterrey (una ciudad del norte del país) y varias cosas más. Por coincidencia o no, una vez más, todo lo que pedí se manifestó. Sin embargo, después del éxito de haber logrado disminuir la violencia en el norte de México, esta surgió en otros estados. Entonces aprendí a pedir con claridad.

Un día, después de que me referí a estas experiencias en uno de mis cursos en Denver (Colorado), un señor me dijo: "Si haces llover en Nuevo México, donde vivo, creeré todo lo que digas". Realizamos el ritual y por la noche llovió en Nuevo México. Solo llovió durante media hora, pero sucedió. Pero, aunque él dijo: "Si tú haces llover...", no fui yo quien hizo llover, sino las fuerzas que invocamos en el ritual. Ellas son las que se merecen todo el crédito.

Por supuesto, este ritual funciona mucho mejor si se realiza en grupo, ya que así aumenta su poder. Por eso comparto uno de los tesoros más grandes que he encontrado. Con respeto y afecto comparto todo lo que me enseñaron, para que usemos el corazón de las montañas para crear un mundo mejor.

///

EJERCICIO
MANIFESTARSE A TRAVÉS DEL
CORAZÓN DE LAS MONTAÑAS

Este ejercicio se debe realizar en una cueva en las montañas o en un lugar completamente oscuro. El ritual vibra con las fuerzas de la noche, así que puede realizarse en una cueva el primer día y el resto completarse en casa, si se desea. Por supuesto, lo ideal sería hacerlo todos los días en una cueva.

Se pueden hacer una, dos o cuatro solicitudes, en alineación con el sistema matemático sagrado. Normalmente formulo dos peticiones personales y dos colectivas.

Lo único que se necesita es una sonaja o maraca.

• Una vez que estés dentro de la cueva o lugar oscuro, arrodíllate, moldea tu mano izquierda en forma de taza y sostén la maraca en la mano derecha, para que puedas usarla cuando sea el momento.

• Decide lo que quieres manifestar en la Tierra. Con fuerza y autoridad, repite en voz alta (he dejado las palabras importantes en náhuatl, el resto las puedes decir en tu propio idioma):

"Yo te invoco (a lo que estás llamando), como hijo de *Metzli* (la Luna), con el poder de *yohualli* (la noche),

con el *Yayauhqui Tezcatlipoca* (el Tezcatlipoca negro) como testigo,

con el poder de mi madre *Tonantzin* (la Madre Tierra)".

- La siguiente estrofa es un imperativo, que quiere decir "eres llamado". Mientras lo dices, mueve la maraca en forma serpentina. Recuerda que uno de los significados de la serpiente es la Tierra, por lo que estás llamando a la Tierra.

Di: *"Maxite Notzaqui* (eres llamado)", y mueve la maraca.

Di: *"Maxite Notzaqui"*, y mueve la maraca.

Di: *"Maxite Notzaqui"*, y mueve la maraca.

Di: *"Maxite Notaqui"*, y mueve la maraca.

- Repite el procedimiento cuatro veces consecutivas para la misma petición.

- Una vez que hayas terminado, sentirás cómo llega la energía. Cuando eso suceda, comienza a respirar por la boca como si inhalaras el humo del incienso de copal de la Señora dos junto con lo que deseas manifestar.

- Ahora exhálalo dentro de tu mano izquierda en forma de taza.

- Llévala a tu esternón, que representa el centro de *xóchitl*, la flor, para que tu manifestación florezca de una manera hermosa. Luego junta las manos y di:

"*Ometeotl.* Que [lo que pides] se manifieste con la belleza de la flor y el poder de la cueva".

Normalmente realizo dos pedidos para mí y dos para el colectivo. Este ritual lo realizo por lo menos nueve veces, el número del *Tezcatlipoca* negro. Pero si veo que no se ha manifestado lo que pido, hago un segundo ciclo. Si se practicó el primer día en una cueva, el resto se puede hacer en casa, aunque es mejor hacerlo todos los días en la cueva.

Si se puede reunir a un grupo, las manifestaciones serán mucho más fuertes y se revivirá uno de los rituales casi perdidos del México antiguo.

Mientras estaba en un taller en Estados Unidos en el otoño de 2012, Sergio nos enseñó el ritual de manifestación de Tepeyolohtli. Después de completar las solicitudes individuales, le preguntó al grupo qué les gustaría crear en colectivo. Elegimos varias cosas: un buen presidente (las elecciones tendrían lugar el mes siguiente), lluvia para aliviar la sequía que habíamos tenido durante varios años en Oregón (Sergio lo sugirió), y paz sostenible. No habíamos tenido una gota de lluvia durante muchos meses. Para nuestra sorpresa, dos horas después de concluir el ritual, el cielo se nubló y comenzó a llover, y continuó lloviendo durante más de tres días.

En octubre de 2015 Sergio volvió e hizo el ritual de

nuevo. Si bien los resultados no fueron tan dramáticos esta vez, fueron impresionantes. Nuevamente pedimos lluvia, y tan pronto como terminamos el ritual y salimos para la ceremonia de clausura, comenzó a lloviznar. Por supuesto, antes había habido algunas nubes en el cielo, pero el pronóstico del tiempo no había mencionado lluvia. Al día siguiente llovió mucho, con rayos y vientos fuertes. El hecho más notable es que, después de muchos años, el oeste de Oregón ya no aparece en el Mapa de Perspectivas de la Sequía Estacional de los Estados Unidos como un estado amenazado por la sequía.

VALERIE NIESTRATH,

ORGANIZADORA DEL

TALLER DE ESTADOS UNIDOS,

ABRIL DE 2016

Cuarta parte

ILUMINACIÓN

Capítulo 16

FLORECIMIENTO

La palabra que los antiguos mexicanos utlizaban para referirse a lo que hoy se conoce como "iluminación" era "florecer". ¿Por qué? Porque significaba completar toda la flor: sanar los antepasados, rejuvenecer el cuerpo, manifestar los deseos, alinearse con un conocimiento precioso, sanar los inframundos y tener la voluntad de un guerrero. Todo eso se puede escribir en una oración, pero requiere del trabajo de toda una vida. Actualmente es algo que muchos se esfuerzan por conseguir, pero muy pocos logran.

Todo lo que he compartido en este libro ha estado dirigido a sentar las bases para el florecimiento. Si se ha tenido éxito en áreas tangibles como la salud y la manifestación de la vida que se desea, el siguiente paso es florecer. En este capítulo compartiré una técnica básica que luego desarrollaré en otros libros. Por ahora, creo que es un excelente comienzo.

XAYAXOLOHTLI: MÁSCARA DE *XOLOTL,* NAHUAL DE QUETZALCÓATL

Esta técnica, llamada *Xayaxolohtli,* es parte del antiguo arte mexicano de soñar. En ella se manifiesta al Universo, desde la cueva, la intención de llegar al conocimiento precioso. Es una disciplina bastante sencilla que puede cambiar el rumbo de la vida si se practica con constancia, pero antes es necesario comprender algunos conceptos.

En las tradiciones mexihca y tolteca existe lo que se conoce como la cuenta larga. Se trata de un periodo de 26.500 años que, como todo en esas tradiciones, se basa en el orden numérico del Universo. De acuerdo con los cuatro movimientos, la cuenta larga se divide en cuatro periodos de 6.625 años que se llaman soles. En la actualidad, el periodo del Quinto Sol, *Tecpatl Tonatiuh,* el sol del pedernal, está a punto de ceder paso al periodo del Sexto Sol, *Iztac Tonatiuh,* el sol blanco.

El color de *Quetzalcóatl,* el *Tezcatlipoca* del conocimiento y la iluminación, es el blanco. Este es el sol del precioso conocimiento. Cuauhtémoc, el último *tlatoani* azteca, portavoz del consejo, ordenó a su pueblo que mantuviera su tesoro a salvo, prediciendo que se recuperaría durante el Sexto Sol, cuando *Quetzalcóatl* regresaría, no en forma de ser humano, sino en forma de conocimiento. La profecía dice que los *Quetzalcóatls* (en plural), es decir, las personas de todo el mundo, encontrarán esa preciosa sabiduría.

La siguiente técnica consiste en manifestar el Universo

dentro de tu cueva para poder acceder a un conocimiento precioso. Parece bastante simple, pero puede traer enormes cambios a tu vida si la practicas regularmente.

//

EJERCICIO
XAYAXOLOHTLI

• Siéntate cómodamente mirando hacia el Este, en dirección a *Quetzalcóatl.*

• Inhala por la nariz, aguanta la respiración y visualiza cómo se retuerce la serpiente a través de todos tus *totonalcayos:*

◊ Cuando se mueve a través de tu coxis *(Colotl),* estás sanando tus patrones ancestrales.

◊ Cuando se mueve a través de tus genitales *(Ihuitl),* estás aligerando tus creaciones.

◊ Cuando llega a tu ombligo *(Pantli),* estás expresando la parte más favorable de tu carta natal y haciendo cambios en tu vida más fácilmente.

◊ En tu pecho *(Xóchitl),* te estás moviendo hacia tu florecimiento.

◊ En tu cuello *(Topilli),* estás recuperando tu poder.

◊ En tu frente, el *chakra* de jade *(Chalchiuhuitl),* estás reuniendo el *tonal* y el *nahual.*

- Para completar el proceso, cuando llegue al último *toto-nalcayo*, la coronilla, *Tecpatl*, gíralo para cambiar su destino a uno más favorable para la iluminación, y luego exhala.

- Realiza este procedimiento 12 veces y visualiza cómo sube la serpiente.

- La treceava vez será distinta, pues cuando llegues a la coronilla, al exhalar, en lugar de girar saldrás de tu coronilla en forma de serpiente.

- Ahora visualiza cómo te transformas en tu ave favorita. Si estás siguiendo la técnica original, te transformarás en un quetzal y te elevarás al Sol.

- Visualízate llegando a *Tonatiuh*, el padre Sol, pidiendo recibir conocimientos preciosos y transformándolos en *Quetzalcóatl*. (Aquellos que saben cómo mover la serpiente hacia arriba y florecer son los portadores del precioso conocimiento).

- Cuando hayas terminado, junta las manos y di:

"*Ometeotl*. Que la vida y el precioso conocimiento florezcan dentro de mí. *Ometeotl*".

Este ejercicio también se puede realizar en múltiplos de 13. Si se practica todos los días, se puede alcanzar el destino de uno y florecer.

Hay muchas más cosas que explorar en esta antigua

tradición que ha estado dormida, esperando a que nosotros, la gente del Sexto Sol, le devuelva la vida. Sin embargo, las prácticas que he descrito aquí te mantendrán bastante ocupado por un tiempo.

Ten la certeza de que este libro no está en tus manos por casualidad. De alguna manera —en tus sueños o en tu mente inconsciente— has pedido curarte y florecer a través del conocimiento de los antiguos mexicanos.

Ometeotl. Que todos florezcan. *Ometeotl.*